区域经济地理分析

基于区域能力的空间实证检验

李艳 著

陕西新华出版
陕西人民出版社

图书在版编目(CIP)数据

区域经济地理分析：基于区域能力的空间实证检验/李艳著. — 西安：陕西人民出版社，2023.3
　　ISBN 978-7-224-14835-0

　　Ⅰ.①区… Ⅱ.①李… Ⅲ.①区域经济地理—经济分析 Ⅳ.①F119.9

中国国家版本馆CIP数据核字(2023)第028337号

责任编辑：韩　琳
整体设计：白明娟

区域经济地理分析：基于区域能力的空间实证检验
QUYU JINGJI DILI FENXI：JIYU QUYU NENGLI DE KONGJIAN SHIZHENG JIANYAN

作　　者	李　艳
出版发行	陕西人民出版社
	(西安市北大街147号　邮编：710003)
印　　刷	广东虎彩云印刷有限公司
开　　本	787毫米×1092毫米　1/16
印　　张	13.5
字　　数	225千字
版　　次	2023年3月第1版
印　　次	2023年3月第1次印刷
书　　号	ISBN 978-7-224-14835-0
定　　价	59.80元

如有印装质量问题，请与本社联系调换。电话：029-87205094

序

区域是经济社会活动的单元和空间载体，一个国家的发展可以视为该国的各个区域发展的结果，而一个国家内部各个区域的发展又不可避免地存在着差异性。如何全面理解区域发展的复杂性，将环境学、地理学、经济学、城市科学、社会科学等多学科理论进行融合，提出新的理论及普适性的科学分析方法，同时将科学研究与规划实践相结合以提高我国区域治理能力，是广大学者普遍关注的问题。本书作者将经济、社会科学知识用于环境科学研究中，围绕基于能力的地理学空间分析，提出了区域能力的概念及路径资产分析模型，选择了我国具有代表性的东北和长三角两个典型区域进行了实证研究，以1978年以来的长时间序列分析为参考，基于官方统计数据与实地调研，从经济维度、社会文化维度、环境维度进行了较为全面的分析与检验，以把握中国区域发展的复杂性并寻找提升区域能力的有效工具。

在分析区域案例的基础上，作者也提炼与总结了关联演化视角下的路径资产分析框架，为区域分析部署了基于能力的跨学科方法。原创的六步空间分析法是对现有的区域空间分析方法论的补充，试图提供一种基于能力的跨学科方法，为环境科学相关领域作出理论贡献，为科学家、政府决策者、广大规划师和各级行动者改善区域治理提供了新视角。

本书是李艳同志20年来从事区域可持续发展研究的一部总结性著作，涵盖了作者2002年至2021年期间实际从事环境治理、区域规划等区域可持续发展研究及实践的诸多总结与思考。该书的作者是中国博士后科学基金与国家自然科学基金项目研究的一线工作者，能够将自然科学项目研究与区域可持续发展规划实践中的经验进行总结、并成体系地撰写出一本科研专著实属不易。相信读者在阅读的过程中一定会闪现新的灵感，掌握行之有效的区域空间分析的科学方法，从经济维度、社会文化维度和环境维度更加全面地理解中国区域可持续发展，通过跨学科研究，服务祖国的区域可持续发展与规划事业。本书可为区域可持续发展、人文与经济地理、环境科学、城乡规划等领域的学者提供理论参考，也可为智库工作者、政府官员、规划师提供实践参考。

2022 年 3 月 26 日

前 言

东北地区作为我国的国家级老工业基地,一直未能摆脱去工业化的阴影,而长三角地区的区域综合实力却不断增强,成为中国经济领先的区域之一。为什么上述两个地区的发展如此不同?其中哪些因素在起作用?本书以1978年以来的长时间序列分析为参考,基于官方统计数据、文献分析、实地调研等,运用关联演化视角下的多维路径资产分析模型,对我国的东北和长三角两个案例区域进行了实证检验,试图通过对经济、社会文化以及环境维度较为全面的分析,把握区域发展的复杂性。

本书从经济地理理论出发,围绕基于能力的空间分析,提出区域能力概念及路径资产分析模型,并对东北和长三角两个区域进行了实证检验,结论是不能仅依靠国家政策和投资来维持区域发展,而是需要借力于区域资产为基础的内在动力和创新,区域治理和规划可以成为促进区域可持续发展的有效工具。

全书共分为八章。第一章介绍了研究的背景、问题、目的、论点及研究的意义。第二章作为全书的理论框架,尝试从关联演化视角出发,以区域能力为重点,来理解区域发展,并认为区域治理是区域能力与区域可持续发展之间的联系纽带,为本书实证研究部分提供了理论基础。第三章着重介绍了本书的分析框架和研究方法,并简要介绍了我国东北和长三角两个实证研究的案例区。第四章至第六章是本书的实证案例研究,分别对东北和长三角两个区域进行了经济维度(第四章)、社会文化维度(第五章)和环境维度(第六章)的多维路径资产分析。第七章聚焦于区域规划,作为对区域可持续治理的建议,对全国的规划实践进行了文献综述,并对东北和长三角区域规划案例进行了研究。第八章总结了全书的实证研究结果,反思了区域能力的概念及其在空间分析中的方法应用,认识到本书的局限性,对中国今后的区域治理和规划提出了建议,并依据尚未解决的问题,展望了未来研究的方向。

在对两个区域进行案例分析的基础上,本书也对分析框架进行了提炼与总结,提出了关联演化视角下的路径资产分析框架,为区域分析部署了基于能力的跨学科方法。原创的六步空间分析法是对现有的区域空间分析方法论的补充,试图提供一种基于能力的跨学科方法,为环境科学及地理科学等相关科学领域作出了理论贡献,为科学家、政府决策者、广大规划师和各级行动者改善区域治理提供了新视角。

本书是作者20年来从事区域可持续发展研究的一部总结性著作,涵盖了作者2002年至2021年期间实际从事环境治理、区域规划等区域可持续发展研究及实践的总结与思考,包括作者在完成中国博士后科学基金与国家自然科学基金青年基金项目研究工作中所采用的空间分析方法,希望能够将自然科学项目研究与区域可持续发展规划实践中的经验进行有效结合,提出新的理论和研究方法,推动科学发展。

本书撰写期间,作者先后在德国科隆大学和伦敦大学学院做访问学者、在柏林自由大学做科研助理,进而攻读博士学位,并于学成后归国,从博士后、助理研究员做起,立志通过跨学科研究,服务祖国的区域可持续发展事业。随着对以东北地区和长三角地区为代表的案例区的认识不断深化,希望在探寻两个区域发展差异根源的基础上,寻找区域空间分析的一般方法,并将其应用于我国未来的区域治理与规划实践中。本书可为可持续发展、城乡规划、环境科学、经济地理等领域的学者提供理论参考,也可为政府官员、智库工作者、规划师提供实践参考。

衷心感谢作者的两位博士生导师 Doerte Segebart 教授和 Oliver Ibert 教

授的悉心指导，也感谢邀请作者前往德国科隆大学访学交流的 Josef Nipper 教授以及邀请作者前往英国伦敦大学学院访学交流的 Nicholas Phelps 教授的帮助与指导。感谢在书稿完成过程中给予作者帮助的所有人。

由于作者水平有限，尽管作者做出了努力，但书中仍难免存在不妥之处，恳请各位读者批评指正。

作者

2022 年 3 月 16 日

目 录

第一章 绪论 1

第一节 研究背景与问题的提出 1

第二节 研究目的与论点 4

第三节 研究的意义 5

第四节 本书主要内容 6

第二章 基于区域能力的空间分析理论框架 8

第一节 经济地理学的视角转向 8

一、关系视角与关系转向 8

二、演化视角与演化转向 9

三、经济地理学的视角转向与关联演化视角 10

第二节 情境性、路径依赖和随机性 12

一、情境性 12

二、路径依赖 14

三、随机性 15

第三节 区域发展与区域能力 16

一、区域发展的关联演化视角 16

二、能力的概念和能力方法 17

三、区域能力 18

四、小结　20

　第四节　区域治理与区域规划：迈向区域可持续发展　22

　　一、区域治理：多层级治理与多主体治理的协同　23

　　二、区域规划作为治理　23

　　三、区域治理和区域规划：迈向区域可持续性　24

　　四、小结　26

　第五节　理论框架总结　26

第三章　分析框架、研究方法和研究区域　28

　第一节　分析框架和研究方法　28

　　一、研究设计与分析框架　28

　　二、研究方法　29

　第二节　研究区域　32

　　一、东北地区　32

　　二、长三角地区　33

第四章　路径资产分析Ⅰ：经济维度　35

　第一节　区域经济及其结构　35

　　一、地区生产总值　36

　　二、人均地区生产总值　38

　　三、按三次产业分的地区生产总值　39

　第二节　就业与失业　41

　　一、从业人员总数　41

　　二、按三次产业分的从业人员数　41

　　三、城镇登记失业率　43

　第三节　固定资产投资　45

　　一、区域固定资产投资总额及其占全国的比重　45

　　二、固定资产投资总额占国内生产总值的比重　46

三、各行业固定资产投资　46

　第四节　政府财政收入　49

　第五节　交通运输　51

　　一、铁路与公路里程　51

　　二、区域内陆交通运输网络密度　54

　　三、客货运交通　56

　第六节　对外贸易　58

　　一、进出口　58

　　二、外商直接投资　60

　第七节　小结　63

第五章　路径资产分析Ⅱ：社会文化维度　66

　第一节　人口　66

　　一、年末人口数与自然增长率　67

　　二、人口密度　67

　　三、自然增长以外的人口变化　69

　　四、平均预期寿命　70

　　五、城市化水平　71

　第二节　居民生活条件　72

　　一、职工平均工资　72

　　二、人均收入　74

　　三、居民人均消费　77

　　四、城乡消费差距和平均生活成本　79

　　五、人均存款　81

　第三节　公共卫生服务　83

　　一、医师数　83

　　二、每万人执业（助理）医师数　84

三、医疗卫生机构床位数　84

四、每万人医疗机构床位数　85

第四节　教育　86

一、初等教育　86

二、中等教育　87

三、高等教育　88

第五节　科学技术：研发经费支出　89

第六节　小结　91

第六章　路径资产分析Ⅲ：环境维度　93

第一节　中国的环境污染与环境治理　93

一、中国的环境退化和污染状况　93

二、中国环境退化和污染的经济社会成本　94

三、具有中国特色的环境治理　97

第二节　东北地区的环境　100

一、地理位置与气候　100

二、生物群落和生态系统　102

三、土壤与农业条件　103

四、资源利用　105

第三节　长三角地区的环境　107

一、地理位置与气候　107

二、生物群落与生态系统　109

三、土壤与农业条件　111

四、资源利用　113

第四节　东北和长三角地区的环境路径资产定量分析　116

一、森林　116

二、自然保护区　117

三、能源消费量　119

四、空气质量　121

五、水质　125

六、环境事故　130

七、污染治理投资　133

第五节　小结　135

第七章　区域规划：面向可持续性的区域治理建议　139

第一节　我国区域规划的演进　139

一、20世纪50—70年代的区域规划尝试　140

二、20世纪80—90年代区域规划的被动适应　140

三、2000—2020年代区域规划的再兴　141

四、区域规划作为区域治理的工具　143

第二节　案例研究：东北和长三角地区的区域规划实践　147

一、东北地区的区域规划实践　147

二、长三角地区的区域规划实践　152

三、案例研究的主要发现　158

第三节　小结　159

第八章　结论与展望　161

第一节　案例研究的实证结果和影响　162

一、东北地区的区域发展　162

二、长三角地区的区域发展　164

三、东北和长三角地区的路径资产分析　166

四、中国的区域发展与治理　169

第二节　对区域能力作为一种区域分析理论方法的思考　171

一、区域能力：起源、定义和特征　171

二、重新思考区域能力作为区域分析的理论方法：其适用性、局限性和贡献　172

第三节　区域能力概念的方法论应用　173

　　一、基于能力分析的六步空间分析法　173

　　二、科学视角下六步空间分析法的方法论应用　175

　　三、实践中六步空间分析法的方法论应用　175

第四节　开放性问题和进一步研究的方向　176

参考文献　179

第一章 绪论

第一节
研究背景与问题的提出

联合国于2015年通过了17个可持续发展的全球目标,各国须在社会、经济和环境可持续性之间取得平衡发展,以消除贫困、保护地球并确保到2030年所有人都享有和平与繁荣(United Nations,2015),中国也在为此努力。面对区域差异大、发展不平衡的基本国情,中国区域要以可持续发展理论为指引,关注不同地区资源禀赋差异,解决经济、人、自然三者间的矛盾,促进区域发展的空间均衡与生态经济协调的绿色发展,实现均衡提升区域人民生活福祉的目标(邓祥征等,2021)。鉴于改造自然将危及人类福祉,改变人类与自然的关系是实现未来可持续发展的关键(Baste et al.,2021),新时期的区域地理研究应聚焦不同空间尺度的可持续发展需求,面对不断变化的发展观和人类文明,适应全球发展新格局和中国发展新阶段,服务于区域规划(陈发虎等,2021)。当前,碳排放转移、生态足迹、土地置换、虚拟土地、虚拟水等新兴领域的研究表明,区域不仅承载了人类的在地活动,其所需的资源也可能来自其他区域或地方,因而需要以更广的视角去思考区域问题(谈明洪和李秀彬,2021)。

人类活动与自然地理基础的空间相关性随着地域尺度增大而趋于增强,自然环境条件对人类活动格局具有基础性作用,我国人类活动与环境承载的空间耦合协调度自东南向西北递减,需要调整人类活动的结构与方式(胡书玲等,2020)。城市群多中心性对首位城市和位序靠后的城市产生正面效应,但对中间位序城市具有负面效应,整体上东部城市群多中心性可提升城市绿色发展效率,而中西部城市群的多中心性抑制绿色全要素生产率(张可云和张江,2022)。在区域尺度上优化生态系统服务是实现区域可持续发展的景观可持续科学途径(于德永和郝蕊芳,2020)。加强自然科学与人文学科的交叉,以城市化为代表的人类活动角度的适应与减缓,是应对气候变化的关键现实路径(陈明星等,2021)。中国对外直接投资每增长1%可使环境负荷降低0.051%—0.076%,产业结构高级化和技术创新进步能够减轻我国环境负荷,但经济规模扩张路径则会增加环境负荷0.009%(白梓函等,2022)。

改革开放以来,中国经历了40多年的高速经济增长并一跃成为世界上第二大经济体,但伴随支撑我国经济高速增长的传统增长要素的衰变,自2010年以来,我国已告别高速增长时期(杨瑞龙和周业安,2019)。伴随我国经济增长率的明显下降,我国各个地区间的发展也呈现出不平衡的态势,并由此引发了快速城市化、环境可持续性、社会不平等等诸多挑战,影响中国可持续增长目标的实现(Naughton,2018)。

国家层面促进区域协调发展的诸多努力均表明了中国促进可持续发展的决心,作为国家经济和社会发展纲要的国民经济与社会发展五年规划也致力于解决发展的可持续性问题。中国政府自"十二五"规划(2011—2015年)以来,更加关注居民生活质量的提高,而非单纯注重经济增长的速度,致力于解决环境和社会发展的不平衡,并设定减少污染的目标,提高能源效率,改善受教育和养老的机会,提高社会包容性。然而,自"十二五"以来,中国经济发展陷入了"新常态",经济增速放缓并面临许多增长瓶颈,例如,区域差异扩大、自然资源的不合理消耗、环境污染和退化日益加剧、城市间和省际的过度竞争。

实际上,国家发展可视作该国区域发展的结果(Wei,2013)。在这一意义上,中国"2035年远景目标"的实现不仅与国家实现区域协调发展相关，而且还取决于区域可持续发展的程度。2021年12月中央经济工作会议指出，在疫情冲击下，百年变局加速演进，外部环境更趋复杂严峻和不确定，我国经济发展面临需求收缩、供给冲击、预期转弱三重压力。因此，重新考虑中国区域发展的可持续性，在平衡区域发展的同时保持经济增长，是当前科学工作者与国家决策者工作的重点之一。

随着中国的转型，中国的区域发展展现出各具特色的不同模式。一方面，中国东南沿海的一些地区从改革开放政策的实施中受益匪浅，实现了快速的经济增长。例如，1990年，中国政府决定将上海浦东新区开放给海外投资，长三角的其他城市也从中受益，长三角从此成为中国及华东地区主要的区域经济体之一，也成为中国经济增长的区域引擎之一。另一方面，位于东北和西部地区的老工业基地和国家制造中心一直是中国经济的重要组成部分，因此一些地区在转型期间也引起了人们的关注。例如，东北地区等老工业基地曾因与去工业化有关的长期问题而引起人们对"东北现象"的关注（Li 和 Nipper，2009）。因此，中国的区域发展呈现出空间异质性和不平衡性。

伴随长三角一体化升级为国家战略，政府和学术界都高度重视长三角地区的区域可持续发展，因为该地区不仅成就了工业化和城市化，对国民经济发展作出了贡献，也可以说是具有中国特色区域发展路径的代表性区域发展模式，为我国其他地区的可持续发展提供参考和借鉴。然而，2000年以来，伴随长三角地区城镇化进程的快速推进，耕地面积却显著减少（王文锦等，2021）。受土地转换影响，环境空气颗粒物（PM2.5）浓度变化与耕地、建设用地和水体之间的转换类型呈显著正相关，而与林地、草地转换类型呈显著负相关（周丽霞等，2022）。虽然长三角一体化显著降低了城市碳排放，但城市间经济联系的增强却增加了城市碳排放（郭艺等，2022）。在城市自身环境质量显著改善的同时，却由于环境规制及产业转型将环境污染向相邻城市转移，对相邻城市的环境质量产生了负面影响（黄莘绒等，2021）。这也是本书将长三角地区作为案例研究区域的原因。

因此，反思中国的区域发展，实现区域发展协调目标，分析影响区域可持续发展的因素，引导区域走向可持续发展的道路，就显得尤为重要。与旨在减少中国区域差异以实现区域均衡协调发展（例如，孙久文等，2019；Song et al.，2015）的区域分析不同，本书旨在获得对区域可持续发展的全面理解，并尝试基于关联演化视角，通过区域能力的概念及路径资产分析的新方法，以一种新的方式来分析区域发展。

为了全面了解转型期中国区域协调、可持续的国家区域发展目标，作者调查了1978年以来我国东北地区和长三角地区的区域发展历程（见本书第三章第二节研究区域），试图通过跨学科的方法，通过分析东北地区和长三角地区两个案例区来回答以下科学问题：东北地区和长三角地区的区域发展有何代表性特征？哪些因素对东北地区和长三角地区及中国其他区域的可持续发展具有重要作用？本书试图通过经济地理学基于能力的区域分析方法来把握区域发展的复杂性。

第二节
研究目的与论点

尽管关于中国区域发展的研究很多，但多从某个视角或某个领域分析区域发展，较少有人对中国区域发展进行全面的分析。当前对中国区域发展的研究可以大致分为以下两种类型：一种是动态分析型，其特征是通过对中国区域发展的一两个要素进行动态分析而得出的（如Li等，2015）；另一种是关系分析型，通过分析中国区域发展中若干要素的关系或网络来体现（如Liu等，2016）。由于区域发展是一个复杂过程，上面提到的两种观点固然都有助于理解这一过程，但是将二者结合起来进行区域分析将更有帮助（Li，2016）。基于上述考虑，本书试图从关联演化视角全面分析中国的区域发展、治理和规划。

本书的首要目标是提出一种区域能力的概念框架，作为一种新的基于能力的跨学科方法进行区域分析,并作为方法论应用于经济地理学空间分析,为发展中国家的区域发展研究作出理论贡献。

除了提供区域能力的初步概念框架作为基于能力的区域发展分析的新分析框架(见本书第二章)之外,本书还将分析框架及方法论(见本书第三章)应用于区域发展的实证案例研究中(第四章至第六章),通过规划(第七章)以实现区域可持续发展,并尝试评估以下三个主要论点:

(1)在区域发展的随机性之外,区域能力影响区域资产的管理范围与功能,并可能影响区域的发展路径。

(2)在有效管理区域资产和区域发展路径的条件下,区域治理影响着区域能力。

(3)区域规划是区域治理的有效工具,可指导或改善区域可持续发展道路。

第三节
研究的意义

本书因其对中国转型时期区域发展的独特观点而具有重要的理论和实践意义。

理论上,是对区域发展理论的补充。区域发展理论主要是基于封闭的自由市场经济和发达国家的经验而发展的,它们对于解释像中国这样的转型经济体中的区域不平等现象没有多大意义,因为中国的区域发展力量不同于资本主义经济(Wei,2013)。本书着重从区域动态角度研究区域能力,全面分析区域发展的机理和过程,并主张进行路径资产分析来分析区域能力,这不仅有助于了解区域发展的优势和不足(包括区域对突发事件的反应),而且对于解释区域的独特发展路径也很重要。本书提出的用于分析区域能力的路径资产分析是一种新的跨学科的区域分析方法,可以应用于环境科学及地理科学的空间分析(见本书第八章第三节)。本书还从跨学科的视角，为环境科学及地理科学中的区域分析和区域研究提供了一种新的研究方法。此外，本书中的研究指出，包括区域规划在内的区域治理可以提高区域能力并促进区域发展的可持续性，它也是对中国区域发展、治理和规划科学研究的补充。

实践上，它有助于政府、决策者和规划师提出适当的区域发展战略和政策，以促进面向未来的可持续发展。本书中的研究符合新发展理念，旨在实现区域协调可持续的国家经济社会发展目标，该研究结果可促进中国的区域治理和区域规划，并为正在经历类似经济结构调整和全球化进程中面临类似问题和冲突的其他转型经济体和发展中国家提供有益的参考。此外，在科学研究领域，也有助于国内外学者更好地了解转型时代的中国区域发展，促进跨学科学习及相关主题的学术交流。学者们和规划师们则可能从经验案例研究中获得新发现，为他们在此基础上进一步研究、规划中国区域可持续发展路径提供借鉴。

第四节
本书主要内容

全书分为以下八章：

第一章绪论，主要对全书的研究背景、研究问题、研究目的和论点、研究的意义进行了介绍。

第二章提出基于区域能力的空间分析理论框架，试图以关联演化视角阐释以区域能力为核心的区域发展，认为区域能力与区域可持续发展之间的联结是区域治理。本章为实证案例研究提供了理论基础。

第三章是本书的分析框架，介绍了本书所采用的分析框架、研究方法，以及我国东北地区和长三角地区两个实证案例研究区。

第四章、第五章、第六章是本书的实证研究部分，以案例研究为特色，分别对东北地区和长三角地区的经济（第四章）、社会文化（第五章）和环境维度(第六章)进行了多维路径资产分析。

第七章将区域规划作为对可持续发展的区域治理的建议,除了对全国的规划实践进行文献综述之外,还对东北地区和长三角地区进行了区域规划案例研究。

第八章作为全书的总结章,总结了本书研究的实证结果,反思了本书所采用的理论,提出了将六步空间分析法作为本书方法论的应用,并提出了未来的研究方向。

第二章 基于区域能力的空间分析理论框架

第一节
经济地理学的视角转向

自 20 世纪 80 年代以来，经济地理学已脱离传统的经济分析，而转变为一种跨学科的研究方法(Boschma 和 Frenken，2006)，其特征表现为研究视角的转向，包括关系转向和演化转向，并由此带来学科发展的多元化和新定位。可以说，经济地理学上述视角转向的发生，既有内在的因素，也有外在的因素。由于经济和社会政治背景的不断变化，经济地理学中传统方法的局限性亦变得越来越明显。造成上述转向的内在因素包括经济地理学主要理论取向及方法论惯例的不断变化(Clark et al.，2018)，而外在驱动因素在于经济地理学与经济学、社会学等学科之间的联系日益紧密，例如嵌入、网络和路径依赖等源于上述学科的概念也在经济地理学领域获得了广泛接受。本节主要回顾了经济地理学关系转向和演化转向各方的观点，并试图找到它们背后的一些共同点，为进一步研究提供参考。

一、关系视角与关系转向

Ettlinger(2001)提出了经济地理学中的一种关系视角，着眼于企业竞争力与人民福祉之间的关系，认为文化分析对以经济为重点的研究特别有帮助。关系视角在空间经济分析中强调了经济主体的社会空间关系(Yeung，2005)，但并不是一个新的观点，因为关系思维已经存在于人文地理学中

(Massey et al., 1999)。

自 2002 年 3 月美国地理学家协会第 98 届年会的特别会议——经济地理的"关系转向"在洛杉矶举行以来，经济地理的关系转向已经传播开来。受这次会议讨论的启发，2003 年 4 月，《经济地理杂志》(*Journal of Economic Geography*)第 3 卷第 2 期中集中发表了数篇有关经济地理流派的学术论文。经济地理学的关系转向是一种理论取向，其中行动者及其关系所引起的变化和发展的动态过程是分析的中心单元(Boggs 和 Rantisi，2003)，整合了人类代理的经济、社会、文化等各方面(Bathelt 和 Glückler，2003；Bathelt，2006)。

作为经济地理的一个新领域，关系经济地理学(Bathelt 和 Glückler，2003，2018；Yeung，2002，2005；Sunley，2008)关注包括社会实践和过程在内的情境性经济关系，并呼吁基于网络理论和嵌入性观点的关系方法，对特定的情境性约束敏感，但仍保持开放性并能随时应对眼前的问题(Boggs 和 Rantisi，2003)。通过分析关系资产、关系连接性、关系接近度等，关系经济地理学似乎从行动者网络理论的影响中获得了进一步的动力和热情(Sunley，2008)。

简而言之，经济地理学关系转向的重点在于——关系很重要。换句话说，关系转向着眼于在分析区域经济发展时，不仅单纯聚焦于经济本身，还会考虑社会经济关系，制度经济关系和经济环境关系等特定的关系情境。由于在特定的情境下，关系是嵌入在经济、社会、环境条件中的，而基于这种嵌入性，关系方法为区域分析提供了新的见解，并要求对区域发展进行情境性的理解，这将在本章二节进行分析。

二、演化视角与演化转向

经济地理学家自 20 世纪 90 年代以来一直在努力探索将演化经济学作为解释空间非均衡区域发展的基础，因此，起源于演化经济学的路径依赖(请参阅本章第二节中对路径依赖的分析)、锁定、演化等概念对经济地理研究产生了日益广泛的影响(Storper，1997；Hodgson，2009)。从演化视角来看，区域经济应被视为一个动态的、不可逆的、自我转型的系统，而不是被视为一个预定义的、静态的或固定的实体(Boschma 和 Martin，2007)。通过对演化经济学的洞察，逐渐形成了演化经济地理学的演化分析方法及系统理论框架(Frenken 和 Boschma，2007；Jovanović，2008)。自 2006 年《经济地理学杂志》发表了《为什么经济地理不是一门演化的科学？迈向演化经济地理学》(Boschma 和 Frenken，2006)的论文以来，演化转向便获得了充足的发展动力，成为经济地理学中不同于关系转向的独特观点。

演化经济地理学通过分析企业发展路径的时空演化，认为企业的行为和成功主要取决于企业过去建立的发展路径(路径依赖)(Boschma 和 Frenken，2006)，并尝试从行业和网络层面的结构变化动态来解释区域经济发展，将空间结构视为历史过程的结果，认为偶然事件或随机性在演化过程中可能起重要作用，应对不可预测性、不确定性和偶然性引起的复杂性问题成为演化经济地理学的科学挑战之一(Jovanović，2008)。但由于演化经济地理学尚处于发展的早期阶段，因此对于发展路径和路径依赖等基本概念尚需从理论和实证上进一步阐述(Boschma 和 Frenken，2006)。

经济地理学的演化转向可以概括为以下两方面：一方面，历史进程影响着现在和未来的动态发展；另一方面，不可预测的随机事件可能对于塑造区域发展进程具有关键作用(请参阅本章第二节中对随机性的分析)。演化视角下，区域发展并非静态的格局，而是一个动态的过程；区域发展过程既是路径依赖的，又是不可逆的。

三、经济地理学的视角转向与关联演化视角

经济地理学关系转向和演化转向的共同特征在于，并非将经济从社会文化情境中分离出来进行审视，而是从情境性出发来理解经济，并呼吁对经济地理分析提出新的见解，以努力克服新古典主义方法的缺陷或不足。通过分析经济地理学上述视角转向，可以发现：首先，经济地理学的关系

转向体现了嵌入性这一理念，关系背景或关系情境（尤其是社会空间情境）对于关系转向具有重要意义。其次，经济地理学的演化转向体现了路径依赖这一理念，路径依赖可以理解为演化的一个方面，而经济地理学的演化转向则是从更广泛的视角来看待路径依赖——它可能是企业、网络或区域等特定研究对象演化的路径依赖。最后，经济地理学的上述视角转向是通过嵌入性和路径依赖二者间的联系而交织在一起的。从历史的角度来看，网络或区域在任何时间点总是嵌入在特定的情境中，这种嵌入性在动态过程的整个时间序列中会产生特定的路径依赖，也可以看作是路径依赖的结果。嵌入性和路径依赖二者之间的这种特殊联系也可以理解为嵌入性和路径依赖的二元性。基于上述三点理论发现，对经济地理学中的关系转向和演化转向进行了总结，见表2.1。

表2.1 经济地理学的关系转向和演化转向

	关系转向	演化转向
视角	静态的①：关联的	动态的：演化的
分析类型	情境	演化
理论渊源	经济社会学	演化经济学
应用领域	企业/网络/地域	企业/网络/地域
分析的主要方面	关系情境 关系嵌入性 社会空间关系 社会经济关系 行动者网络	组织路线 多层级/簇群选择② 随机性 路径依赖/锁定 公司/网络/地域演化
对区域分析的借鉴	区域发展情境：行动者、资产和网络	区域发展路径

---

① 这里的静态视角是指在某个时间点查看情境，而动态视角是指历史视角，它关注演化的整个过程。
② 参见 Essletzbichler 和 Rigby（2007）；尽管仍不清楚"企业是否是经济体内最合适的选择单位"，"多层级选择理论（multi-level selection theory）和簇群选择（group selection）是摆脱这一困境的可能方法，并且对于演化经济地理学的发展很重要"。

通过比较经济地理学的关系转向和演化转向，应在此强调以下结论：只有同时采用关系视角和演化视角，或称为"关联演化视角"，才能实现对区域经济、社会、环境发展的全面理解。一方面，可以使用关系视角来分析特定时间点的情境，这一情境可以包括社会—空间关系、社会—经济关系、经济—环境关系等。另一方面，可以采用演化视角，通过对整个时间序列的数据分析，来考察区域演化的整个历史过程。因此，本书将采用关联演化视角来分析区域的经济、社会、环境发展。

随机性可以理解为历史演化过程中不可预测的随机事件。作为演化分析的一个方面，随机性会对情境以及路径依赖产生影响：在某一特定的时间点，情境可能由于随机事件的影响而改变；在演化过程中，随机事件也会影响路径依赖，甚至可能会极大地改变演化的路径。本书将在接下来的内容中对情境性、路径依赖和随机性这一概念进行进一步的讨论。

第二节
情境性、路径依赖和随机性

为了整合人类行动在空间上不可分割地将经济和社会元素交织在一起，Bathelt 和 Glückler（2003，2018）提出了经济行动的情境性、路径依赖和随机性这一跨学科多维理念。本节将与区域经济、社会、环境发展的其他相关概念或观点一起来回顾情境性、路径依赖和随机性这一理念。

一、情境性

情境性这一术语可以理解为经济代理嵌入情境的状态。实际上，一些经济地理学中广泛使用的社会学理论或概念，如嵌入性的概念（Granovetter，1985）和行动者网络理论（Callon et al.，1986），均提供了与嵌入情境的状态相类似的这一情境性理解：一方面，嵌入性这一概念来自新经济社会学，认为行动者均嵌入于结构中，嵌入性既体现在关系方面，又体现在结构方面(Granovetter,1985)。另一方面,行动者网络理论旨在揭示组织和网络的建立和维护方式(Murdoch,1997)。由于行动者网络理论关注网络中参与者之间的联系,因而被视为规划理论与城市地理世界城市研究的一个可能的新基础(Rydin,2010;Smith,2003)。上述理论的共同论点即行动者或代理人嵌入在结构和网络中,反映了情境性的概念。实际上,情境分析已经被应用于地方和区域的研究,以此作为研究各种形式的空间关系的一种方式(表2.2)。本书中,情境性被理解为行动者嵌入在区域情境中。对于一个特定的区域而言,区域情境是指形成和改变区域资产的不同行动者之间的关系,并会导致该区域中区域资产的变化。从这一意义上讲,分析区域情境就是要研究区域资产以及改变这些资产的不同行动者之间的关系。

表2.2 反映区域发展情境的几个概念

概念	代表学者	对象	基本要素
区域能力 regional capabilities	Heidenreich (2004,2005)	企业	·制度和网络 ·经验和隐性知识 ·地理邻近性
(演化)区域竞争力 (evolutionary) regional competitiveness	Boschma (2004)	企业	·无法换取的相互依存关系(特定区域资产) ·抵消各种破坏过程的能力 ·长期不可预测
(比较)区域竞争力 (relative) regional competitiveness	Martin (2006)	区域	·对流动劳动力、资本和知识的吸引力 ·资源、能力或资产的本地特定环境:外部性和基础
社会环境 milieu①	Camagni (1991); Camagni 和 Salone (1993)	城市	·地理和社会文化邻近性 ·互动与协同 ·合作态度与信任 ·凝聚力和归属感

① 社会环境 milieu 一词来自创新环境(innovative milieux)这一概念,其本质是发展的情境,类似于 Granovetter (1985)所称的社会和经济过程的嵌入性的地域性版本(Storper,1995)。

二、路径依赖

经济地理学家使用路径依赖这一概念来理解区域经济格局（Clark et al., 2001；Sydow et al., 2010），而这一概念源自经济学家的三种相互关联的观点（表2.3）。

表2.3 路径依赖的三种主要观点

观点	来源	主要论点
技术锁定	David（1985）	历史上随机的"偶然事件"可能会对经济技术、组织和系统的未来发展路径产生长期的影响。早期的决策关闭了替代路径，并证实了具有以下三个特征的特定路径——技术上的相互关联性、规模经济和投资的准不可逆性，从而导致结果不是理性的也不是最优的
收益递增	Arthur（1989）	不断增加的回报会导致经济逐渐陷入一种结果，而这种结果不一定优于替代方案，不容易被改变，也不可能事先完全预测到。随机的"历史事件"可能会决定结果
制度磁滞 Institutional hysteresis	North（1990）	正规和非正式制度、社会安排和文化形式随着时间的流逝而自我复制的趋势，在某种程度上是通过社会经济行动体系而产生，并对社会经济行动体系起着支持和稳定的作用

注：依据 Martin 和 Sunley（2006）修改。

路径依赖是指当前和将来的状态、行动或决策取决于先前的状态、行动或决策的路径，传达了历史至关重要的观念（Page, 2006）。经济进程是路径依赖的，并受到历史的约束。历史上发生的事情可能会影响当今的经济进程，而今天的活动或将影响未来的进程。Bathelt 和 Glückler（2003）认为，情境性是路径依赖的原因。实际上，情境性和路径依赖互为因果：一方面，情境性嵌入于情境之中，部分地取决于路径依赖，并且它也将影响发展路径；另一方面，路径依赖也受到情境性的限制，并将随着时间的流逝而影响具体的情境以及情境性。

一些较小的历史事件可能会影响发展朝向特定的路径，而不一定采用最佳的解决方案（Arthur, 1989；David, 1985；North, 1990）。因此，也有学者使用"随机路径"一词来描述经济发展的轨迹（Hudson, 2004），而这与随机性的概念有关，本书接下来将对其进行进一步的解释。

三、随机性

Sayer(1982)将关系分为两类——"外部的随机关系"和"内部的必然关系"，可将其视为考虑了随机性的经济地理分析的起点。受随机相关条件的影响，已经发生的重大事件或战略性事件是无法预测的，其结果是经济行动会发生不可预见的变化，并且从根本上是开放的(Bathelt 和 Glückler, 2003)。

对于区域经济、社会、环境发展，随机性可以理解为某些事件及其构成方面的不可预测性或不可知性可能会改变一个区域的发展道路。在区域发展进程中，随机性由来自外部的一些偶然事件引起，而那些不可预知的行动则可能导致区域发展在相同的情况下产生的必然结果并未遵循预先设定的发展模式。因此，随机性对于区域发展非常重要，原因在于随机性造成了区域发展历史的不确定性以及区域未来发展的不可预测性，二者对于理解区域发展的动态均至关重要。同时，由于在早期阶段进行微小的更改可能对后期阶段产生较大的影响，因而随机性也可能对区域发展带来显著的影响。

情境性、路径依赖和随机性的概念对经济行动进行了全面的检查，可以将其应用于区域分析中。可将情境性理解为嵌入在某个区域情境中的行动者或代理，反映了一种区域发展的关系视角。路径依赖和随机性则反映了一种动态视角，将区域发展看作是一个具有无法预测的随机事件的动态演化过程。情境性和路径依赖通过它们彼此之间的交互影响展现了二元性，而随机性则同时影响着情境性和路径依赖。由情境性、路径依赖和随机性塑造的区域发展可以通过关联演化视角和路径资产分析来理解，在本书接下来的内容中将对其进行进一步的解释。

第三节
区域发展与区域能力

基于上节阐述的情境性、路径依赖和随机性的概念,本节内容试图以关联演化视角理解区域发展,并使用区域能力的概念来解释为什么某些区域的发展要好于其他面临不确定性或随机性的区域。

一、区域发展的关联演化视角

此部分内容试图以关联演化视角来理解区域发展,关联演化视角本身可以视为关系视角和演化视角的协同,以下将通过关联演化视角将区域发展作为关系视角和演化视角的协同进行详细的考察与说明。

一方面,区域发展可以通过代理与结构之间的关系来理解,这是区域发展的一种关系视角(Allen et al.,2012)。关系视角强调区域经济的社会基础,并且反对孤立的区域经济分析。从关系视角来看,区域是由空间化的社会关系构成的,并且可视作是社会关系复杂凝聚的产物(Hudson,2005);区域经济是社会建构的(Hudson,2004)且嵌入在某些共同的历史和社会文化形态之中(Yeung,2009)。根据这种关系视角,可以将区域经济重新定义为"关系资产的存量"(Storper,1997),它产生于该区域特定的历史地理轨迹,这一概念在本书中被称为区域资产,它也是本书后文中将要提及的区域能力概念的一部分。

另一方面,区域发展也可以理解为一个具有独特发展路径的动态过程,这一动态过程不仅是一个多层次的过程,也是一个由多元行动者参与的过程。在这一动态过程中,经济、社会文化、环境等多维度的多元行动者们,在地方、区域、国家等各个层级发展、变化而运转。这些多元行动者们既包括政府行动者,也包括非政府行动者。其中,政府行动者指的是各级政府以及由政府组织的媒体、企业和机构;非政府行动者指的是企业、规划师、教授、研究人员、协会、团体和个人。本书认为，区域发展路径同时受到内部因素和外部因素的约束：包括区域资产在内的区域能力是其内部约束因素，而随机事件是外部影响因素。

通过上述分析可以看出，全面理解区域发展需要协同关系视角和演化视角的综合认知，也就是要从关联演化视角对区域资产和区域发展路径进行全面的分析。简而言之，需要从关联演化视角对区域发展进行路径资产分析，这也是区域能力分析的基础。本书接下来将介绍区域能力的概念，在此之前首先对能力的概念和能力方法进行简要综述。

二、能力的概念和能力方法

(一) 能力的概念

能力的概念见于经济学的生产理论和幸福规范经济学两个领域，但它们对于能力的概念有不同的理解：在生产理论中，能力的概念起源于对劳动、知识和在市场条件下运作的企业专业化之间的分工关系的分析，对企业而言，能力是使用资产创造、生产和交付产品时可重复的行动模式，只有在为企业和其他与之相关的组织创造价值时，能力才能成为独特的竞争力(Blois 和 Ramirez，2006)；在由 Amartya Sen 开创的幸福规范经济学中，能力被理解为在给予相同资源的情况下，面对同样的随机事件，人们没有相同的能力来克服这些随机事件(Salais 和 Villeneuve，2004)。因而，对于发展的分析应特别注意人的能力的扩展(Sen，1999)。

上述两种关于能力的概念的共同之处在于概念的主体使用和管理其资产的能力，尽管这两种能力概念的主体之间存在如下的差异：就生产理论而言，能力的概念主体是企业；而对于幸福规范经济学而言，能力的概念主体则是个人。

(二) 能力方法

Sen 的能力方法(Sen，1985，1993)是一个用于评估与社会变革相关的个人福祉和社会安排、政策设计和建议的广泛的规范框架，其核心特征是关注人们能够有效地去做的事情和他们即将成为什么样的人，即聚焦于他们的能力(Robeyns，2005)。能力方法虽侧重于能力评估，但能力分析也会关注资源或资产，例如对经济增长、社会资本、环境质量的评估，而资产分析对于能力方法也很重要(Drèze 和 Sen，2002)。由于能力方法不可避免地是多元化的(Sen，1999)，因此可在具体研究中灵活运用，并已成为思考发展的重要新范式(Comim et al.，2008)。事实上，能力方法已广泛应用于各个领域，尤其是在发展研究中，也应用于社会成本效益分析以及设计或评估发展中国家的发展政策(Robeyns，2005)。

尽管 Sen 的能力方法最初着眼于幸福感，但能力的概念也可以应用于企业、区域等更广泛的分析领域。本书尝试将 Sen 的能力方法应用至区域分析中，并使用能力的概念来解释为什么一些地区比其他地区发展得更好。综上，借鉴 Sen 在能力方法领域的研究工作，本书提出了区域资产和区域能力的术语，接下来将进一步解释二者的概念及其在区域发展分析中的应用。

三、区域能力

在定义区域能力之前，本书将首先简要介绍两个基于企业的能力术语。

（一）区域能力与演化能力

Heidenreich(2004，2005)基于区域创新系统的概念提出了区域能力(regional capabilities)的概念：

> "区域能力可以定义为创造和提供集体竞争商品的能力以及刺激和稳定区域性企业、学校、大学、技术转让、研发设施、政治和行政行动者之间的沟通与合作能力。"(Heidenreich，2005)

关于上述定义，Heidenreich(2004)还提供了有关区域能力的以下解释：

"区域能力的基础是区域性企业和员工通过密切参与特定产品的生产或特定技术的使用而积累的经验和隐性知识。这种隐含的、因地制宜的、不可交易的竞争力可以借由紧密的地理邻近性来促进直接互动和区域合作网络而得到最好的传递。区域能力因而被固定在促进这种组织间学习模式的机构和网络中。"(Heidenreich,2004)

另一个基于企业的概念是演化能力(dynamic capabilities)(Teece et al.,1997;Augier 和 Teece,2007),是指企业为激发和利用企业内部和外部的特定竞争力以及面临不断变化的企业环境下所具有的适应能力(Teece et al.,1997)。演化能力起初是打算围绕灵活性、适应性、整合、解体等方面的一系列想法,反映一个组织在路径依赖和市场条件下,获得新的、具有创新形式的竞争优势的能力(Augier 和 Teece,2007)。

尽管区域能力(Heidenreich,2004,2005)和演化能力(Teece et al.,1997;Augier 和 Teece,2007)均为基于企业的概念,其主要区别在于不同的视角:区域能力非常重视塑造企业网络合作的机构及关系,反映了关系视角,而演化能力则强调了一家企业的灵活性与适应性,代表了演化视角。为全面了解区域发展这一研究目的,借鉴上述两种视角,本书试图在接下来的内容中,以关联演化视角来发展区域能力这一概念。

(二)区域能力:定义与特征

本书将区域能力定义为一个区域在任何情况下通过拥有区域资产所具有的能够发展自身的总体能力,包括对随机事件的适应能力。与上文中基于企业的区域能力和演化能力的概念不同的是,受 Sen 的能力方法(Sen,1985,1993)启发,本书的区域能力概念是将一个区域视作一个整体,作为 Sen 的能力方法在区域发展分析中的一个应用。此外,本书提倡从关联演化视角来分析区域能力,这与本节第一部分内容中对区域发展的分析是一致的。

从关系视角来看,区域能力通过拥有各种区域资产,在时间序列的特定时点上，反映了区域发展的情境；从演化视角来看，区域能力反映了在某个时间过程中，通过一个区域的特定的发展路径，所呈现出的区域资产的功能（表2.4）。也就是说，区域能力同时受到区域资产和区域发展路径的影响。相应地，区域发展也受到区域资产及区域发展路径的制约。

表2.4　区域能力的分析视角与分析类别

分析视角	分析类别
关系的：情境	区域资产：经济、社会文化、环境
演化的：过程	区域发展路径

(三) 区域资产

本书将区域资产定义为一个区域固有的或可用的多元资源和要素，包括环境资产、经济资产、社会文化资产等互动的组成部分。区域资产可以是有形的或无形的，就区域发展的价值而言，区域资产既可以是积极/主动的资产，也可以是消极/被动的资产。表2.5列出了区域资产的组成及区域资产分析中的主要关注点。

区域能力的形成和变化是一个动态过程，在这一过程中，获取区域资产非常重要。尤其是当随机的突发事件发生时，区域能力在一定程度上代表了一个区域对随机性的适应能力。在分析这一动态过程时，有必要在时间序列中选择几个关键的时间点，以反映历史的关键转型或重大变化，而这一历史过程则伴随区域能力的演化，形成了区域的独特发展路径。

四、小结

以上对区域发展和区域能力进行了理论分析。

一方面，本书提出关联演化视角来进行区域分析。具体而言，从关系视角来看，应在某一时点通过特定的关系情境来理解区域发展；从演化视角来看，区域发展是一个动态过程，具有特定的发展路径，同时也具有不确定性。

表2.5 区域资产的组成及区域资产分析的主要关注点

区域资产	解释	主要关注点
经济资产	经济地位与潜力	·经济总量 ·经济产出与经济结构 ·国内/对外贸易 ·企业,组织,网络 ·地理区位 ·基础设施
社会文化资产	人力资本(劳动力) 社会状况和知识	·就业/失业 ·收入/工资 ·社会关系,例如企业文化和网络 ·文化遗产 ·信息/知识 ·教育/研究 ·人力资本 ·社会公平
环境资产	环境治理与污染	·自然资源 ·空气质量和水质 ·耕地 ·自然风光 ·生物多样性 ·气候稳定性 ·森林/草原 ·环境问题:退化,污染,灾害,森林砍伐

另一方面,本书将区域能力定义为一个区域的总体能力,区域能力也可以理解为一个区域在任何情况下都能够通过拥有区域资产而发展自身,包括区域对随机性突发事件的适应能力。区域能力的概念提出基于对能力的概念和能力方法的辨析,全书对于区域发展和区域能力的讨论建立在情境性、路径依赖和随机性概念的基础上。本书认为,区域能力在处理区域的随机情况或问题中起着关键作用,这种能力也与区域竞争优势相关。受区域资产和区域发展路径的影响,区域能力在区域发展过程中起着至关重要的作用(图2.1)。

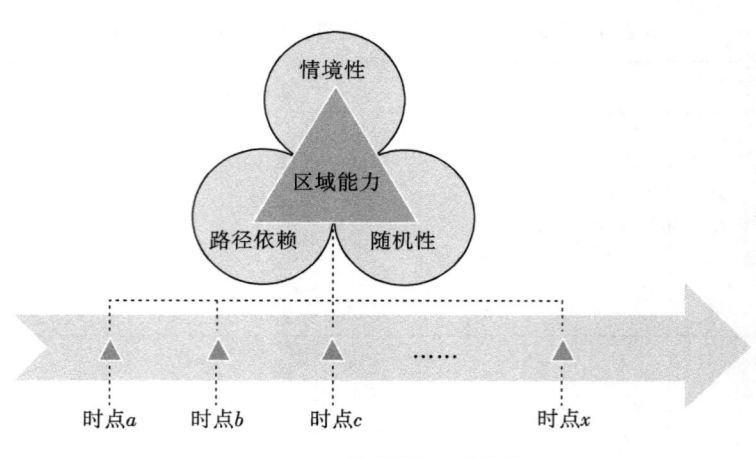

图 2.1　区域发展与区域能力

在图 2.1 中，箭头反映了区域发展的动态过程，可以从关系的角度通过几个时点(时点 a，时点 b，时点 c，……，时点 x)对其进行详细研究。在每个时点，区域能力在塑造区域发展中都发挥着作用，而区域发展则受到情境性、路径依赖和随机性的制约。从这一意义上讲，面对区域发展的不确定性，应重塑区域能力，而区域治理是提升区域能力的重要因素之一。此外，区域治理也有助于促进区域可持续性，本书接下来将进一步分析区域治理与区域规划对区域可持续发展的作用。

第四节
区域治理与区域规划：迈向区域可持续发展

这一节从区域治理作为多层级治理和多主体治理的协同开始，认为区域治理可以通过提升区域能力来促进区域可持续性。从而进一步提出具有治理本质的区域规划可以作为实现区域可持续性的有效工具。最后，对本节内容进行了简要总结。

一、区域治理：多层级治理与多主体治理的协同

当前，治理的概念已在国内外研究中占有重要地位，而多层级治理主要涉及国家内部各级政府间的关系，许多以多层级治理为特征的安排是国家主导的（Bache et al.，2022）。多层级治理反映了各地域级别的垂直层次结构中的解决方案（例如协调各级政府之间的关系），而多主体治理则反映了形成网络的各个行动者之间的水平联系。

本书将区域治理定位为区域能力形成和改善过程的一部分，将区域能力理解为多层级治理和多主体治理的协同，涉及纵向（国家、省、市、地方）和横向（不同区域之间）的合作与协作。一方面，区域治理以多层级治理中的区域层级为重点，处理行动者们之间的关系，以实施区域解决方案，并通过规范这些关系来形成网络。另一方面，区域治理是一个涉及政府行动者和非政府行动者的协作过程，而在治理过程中，不仅仅是政府行动者发挥了建设性的作用，网络化的治理形式可能会成为区域治理的潜在模式。由于政府在中国的治理情境下依然发挥着主导作用，因此本书将主要关注政府行动者们在治理中的作用。

二、区域规划作为治理

区域规划在建立区域认同方面起着重要作用，区域规划的有效性及其实施也影响着区域发展过程中的区域治理改善。由于规划和治理可以应对区域经济和政治压力，因此，应将规划理解为一种治理的工具（Thomas，1999）。以治理的形式进行的规划具有以政策为导向、协调一致、知识丰富且面向未来的治理过程等方法特征（Healey，2006）。正如 Healey 指出的：

> "以'改善条件'为重点的规划活动——无论是在建筑环境中，还是在服务的提供中，或是在促进环境可持续性或社会福祉方面，其本质上是复杂的正式政府组织环境中的一种治理活动……"（Healey，2005）。

从这一意义上讲，旨在提高区域能力的治理实践可以通过实施区域规划来实现。换句话说，区域规划本身既是提高区域能力的工具，也是治理的工具。

区域规划可以视为与多个行动者（政府和非政府组织）相互关联的经济、社会文化、环境多因素过程，也可以通过建立网络来协调不同的行动者，并针对特定的问题进行调解。因此，区域规划的实践以及规划的实施对于区域治理均具有影响力。

为实现区域治理的可持续发展目标，可持续性治理（governance for sustainability）已成为环境治理中一个迅速兴起的领域（Bodin et al.，2020；Bennett 和 Satterfield，2018），区域规划也依据其治理的性质而开创了其新时代（Yi et al.，2018）。接下来本书将讨论通过治理和规划过程可否实现区域可持续性。

三、区域治理和区域规划：迈向区域可持续性

可持续性是在不损害子孙后代或其他地区人口满足其需求能力的情况下，满足当前和当地人口需求的一种特征或状态，也是所有空间尺度上规划的基本目标。鉴于区域是最适宜取得可持续性进展的尺度，可持续性评估已被纳入区域规划流程和实践的核心（Liu et al.，2018；Nogues et al.，2019；Counsell 和 Haughton，2006）。

> "区域对于可持续性规划而言是一个至关重要的空间尺度。在区域范围内考虑许多规划挑战是有道理的，因为这些挑战在本质上都是区域性的，并且跨越了地方的管辖范围。同时，区域规划已落后于对此类解决方案的实际需求。有一些成功的案例值得肯定，但就可持续性关注而言……，区域治理的进展依然相对缓慢……"
> （Wheeler，2009）

面对过去和现在区域发展的主要问题，区域规划实践将在评估区域资产的基础上，讨论区域未来发展的方向。通过有效的区域政策以及未来区域发展的项目或计划的规划实践，可以提高区域能力。鉴于规划的治理本质，可持续发展作为区域治理的共同目标，也适用于区域规划实践。因此，关键在于区域规划是否可以促进区域可持续性以及如何促进区域可持续性。

区域规划作为多层级治理体系的一部分，对区域可持续发展至关重要（Leal Filho，2019；Haughton 和 Counsell，2004）。在规划过程中，经济增长、政治决策与环境保护之间存在冲突，规划师充当了上述冲突的调解者，并试图在实现可持续发展的目标之间找到相对平衡，以规避这些冲突。在这一意义上，区域规划在协调区域经济、社会、环境迈向可持续发展的进程中发挥着中介作用。

而且，区域规划可以通过提升区域能力来促进区域可持续发展。区域规划的目的可以理解为，通过适当地指示一个区域的发展路径来提高该区域的区域能力。对于一个区域而言，区域规划意味着朝着区域可持续发展的不同层次进行合作、协调与互动。作为区域治理的工具，区域规划可以定义一个区域未来的发展道路。在可持续发展理念的引领下，区域规划将促进区域可持续发展，而不是区域增长，并有助于教育公众。

区域规划本身取决于若干因素，例如，规划师的素质和规划目标。此外，规划师如何制定一项规划，或者为谁而制定这项规划，也会对一个规划项目产生影响。尽管如此，仍然可以通过区域规划的实施来协调区域相关的各个行动者和不同的利益方。通过在各个行动者和各个尺度之间展开对话，仍可以使区域规划与其他规划项目和战略的不同目标之间协调一致。所有这些都将有利于实现区域的可持续发展。据此，需要为区域可持续发展制定一致的标准，而这可以通过区域规划来实现。鉴于其战略性和综合性的特点，区域规划可以作为一个区域对可持续发展进行监管的有效工具，而其关键则在于规划的实施。

四、小结

区域治理涉及解决区域发展中的不可持续性问题和执行促进区域发展的政策，这也是区域能力形成和改进过程中的一个部分。区域治理作为多层级治理和多主体治理的协同，既涉及纵向协调，也涉及横向协调，治理的过程中既有冲突，也有合作。

在中国的区域治理情境下，与非政府行动者们相比，政府行动者们发挥着主导作用。为了改善区域治理，国家、省和地方的各级政府以及包括政府行动者和非政府行动者在内的多方行动者之间，都需要更多的相互影响和对话。虽然政府行动者们在决策中居于主导地位，但是某些非政府行动者，例如研究机构，可能会使政府关于区域发展的决定和政策较容易理解。

区域规划既可以作为提高区域能力的手段，又可以作为治理的工具。也就是说，规划干预能够与区域能力和区域治理的发展过程相互作用。考虑到区域规划的本质即治理，可持续发展作为区域治理的一个共同目标，也适用于区域规划的实践。从这一意义上讲，区域规划可能有助于迈向区域可持续性的区域治理进程。

第五节
理论框架总结

本章内容尝试对区域发展、区域能力、区域治理、区域规划和区域可持续性等相关概念进行理论综合。

首先，分析了经济地理学的视角转向，包括关系转向与演化转向，并总结出应将关联演化视角应用到对区域经济发展的全面理解中。

然后，回顾了情境性、路径依赖和随机性的概念，并将这一概念作为经济地理学多重视角转向的理论协同。情境性可以理解为行动者嵌入于区域情境中，它反映了区域发展的一种关系视角；路径依赖和随机性则通过将区域发展视作一个具有不可预测的随机事件的演化过程而反映了一种演化视角。考虑到上述这些要点，这再次映射了对于区域发展的理解应当遵循关联演化视角。

接下来，基于关联演化视角重点分析了区域发展和区域能力。本章定义了区域能力和区域资产，解释了区域能力分析的类别，并认为区域能力是由区域资产和区域发展路径共同塑造的。相应地，一个区域的发展也受到该区域的区域资产及区域发展路径的制约。

最后，分析了区域治理，并将区域能力与区域发展及区域可持续性联系起来。区域治理是多层级治理和多主体治理的协同，涉及为实现区域可持续性而进行的纵向和横向的合作与协作。由于区域规划的治理本质及其所具有的战略性和综合性的特征，区域规划可以通过提高区域能力，成为区域实现可持续发展的有效工具，其关键是区域规划的实施。

综上所述，本书的理论分析部分主要得出了以下两个结论：一方面，关联演化视角适用于对区域发展和区域能力的全面理解与分析。另一方面，区域能力作为本书中区域分析的中心，与区域发展、区域治理和区域可持续性均息息相关(图 2.2)。

图 2.2 区域能力作为区域分析的中心

第三章 分析框架、研究方法和研究区域

本章作为连接本书的理论框架(第二章)和实证研究(第四章至第七章)的桥梁，介绍了本书的分析框架、研究方法和研究区域。本章分为两节内容：第一节是分析框架和研究方法，首先介绍了本书的研究设计，在此基础上提出了区域能力的路径资产分析框架，并进一步介绍了所采用的研究方法，本节中提及的分析框架及研究方法将在后文的实证分析章节中进行应用；第二节是研究区域，介绍了本书选取的两个实证区域——东北地区和长三角。

第一节
分析框架和研究方法

一、研究设计与分析框架

本书旨在全面了解区域发展的机制以及区域能力、区域治理与区域规划和区域可持续发展之间的相互关系(图3.1)。

依据本书第二章的理论框架分析，区域能力在区域发展过程中起着至关重要的作用。由于区域能力由区域资产和区域发展路径共同决定，因此本书主要通过进行路径资产分析来实现对区域能力的把握。

路径资产分析与仅以发展路径分析或仅以关系资产分析为特征的现有区域研究不同。具体来说，路径资产分析被设计为区域资产分析与区域发

第三章 分析框架、研究方法和研究区域

展路径分析的协同，而这也与本书中坚持采用的关联演化分析视角相一致：对于区域资产的分析反映了关系视角，而区域发展路径则反映了演化视角。本书在发展区域能力的理论概念基础上，将通过对中国东北地区和长三角地区两个区域案例来分析区域能力。为了结合对中国区域发展过程的描述和解释，本书提出了路径资产分析作为实证研究分析框架的重点(图3.2)。

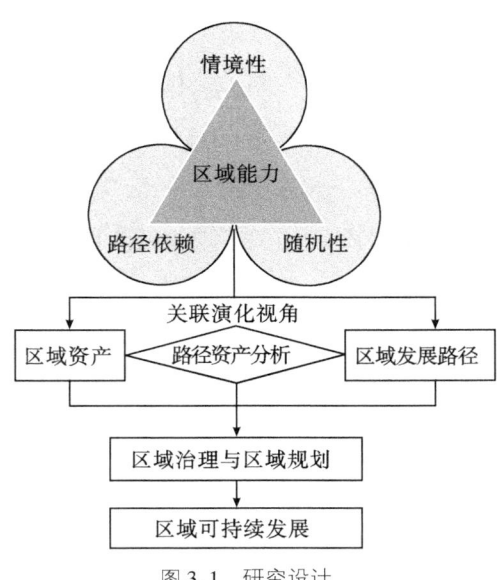

图 3.1 研究设计

路径资产分析作为区域资产分析与区域发展路径分析的协同，是本书提出的一种特定的分析方法，旨在以关联演化视角理解区域能力，接下来将对路径资产分析的研究方法进行进一步介绍。

图 3.2 分析框架：路径资产分析

二、研究方法

本书运用了以文献综述为主的理论分析和以案例研究为主的实证分析方法，实证研究部分着重采用定量分析方法进行区域能力的路径资产分析。文献综述的方法主要运用于本书第二章、第六章、第七章，除本书第二章理论框架外，也在本书第六章和第七章中提供必要的分析情境，以更好地理解中国环境治理与规划的发展过程。实证分析(第三章至第六章)选择东北地区和长三角地区作为案例研究的两个代表性区域,对案例区域进行了多层级分析,重点侧重于区域层面的分析。本书在聚焦于区域层面之外,也兼顾了国家层面的分析(第六章、第七章)。

考虑到这项研究本质上需要区域层面的大量数据,很难通过小型调查或访谈来收集,因此,国家发布的官方统计数据仍将作为本书全面覆盖中国经济、社会文化、环境各维度的主要数据来源。本书将主要利用官方统计数据对两个案例区域进行定量的路径资产分析,以进行经济、社会文化和环境方面的案例研究(第四章至第六章),并以专家访谈为补充(第七章)。定量分析的数据来源为中华人民共和国国家统计局及案例区域的省、市统计局发布的官方统计数据,以统计年鉴和中华人民共和国国家统计数据库(https://data.stats.gov.cn)(中华人民共和国国家统计局 2022)作为定量分析的主要数据来源。专家访谈主要是与从事区域发展、治理和规划或对相关主题进行研究的教授、学者和政府官员进行的。其他基于省级或地方调查数据的研究,在很大程度上可以作为本书的补充研究。

正如本节中研究设计与分析框架这部分内容中曾提及的,本书提出了一种旨在了解区域能力的路径资产分析,该分析同时结合了时间序列分析和多维度分析。

一方面,本书主要对 1978 年至 2021 年间的区域资产进行了时间序列分析,并选择 1985 年(代表 80 年代)、1995 年(代表 90 年代)、2005 年(代表 2000 年代)、2015 年(代表 2010 年代)和 2021 年(代表现在)等年份进行比较研究,以显示每个区域动态发展路径的变化(请参见前文中的图 3.2)。

另一方面,在将区域发展视为一个多维度过程的基础上,本书将多维度分析应用于区域能力的路径资产分析,并将区域资产分为以下三个维度:经济维度、社会文化维度和环境维度。对于每个维度的分析,分别选择了一系列指标进行路径资产分析。图 3.3 展示了具有选定指标的区域能力的多维路径资产分析。

第三章 分析框架、研究方法和研究区域

- 森林：森林面积与森林覆盖率
- 自然保护区：自然保护区面积占国土面积的比重
- 能源消费量
  - 能源消费总量
  - 万元国内生产总值能源消费量
- 空气质量：主要城市空气质量指数劣于Ⅱ级天数占当年有效监测天数百分比
- 水质：江河湖泊重点监测断面水质等级
- 环境污染事故
  - 环境事故数量
  - 环境污染事故的直接经济损失
  - 环境污染事故的罚款和赔偿金额
  - 污染治理投资：污染治理投资额污染治理投资占国内生产总值的比重

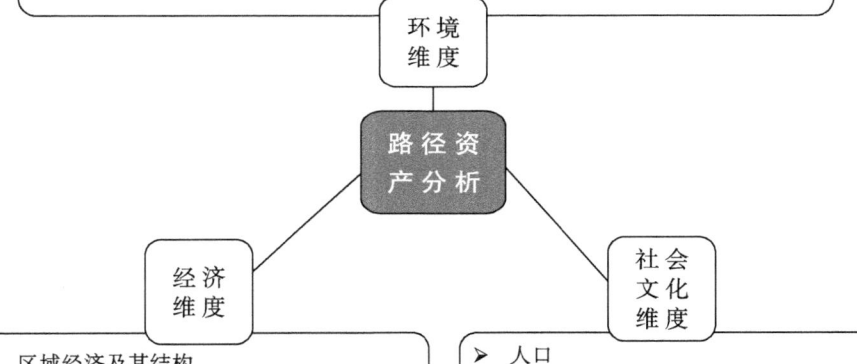

环境维度

路径资产分析

经济维度

- 区域经济及其结构
  - 地区生产总值
  - 人均地区生产总值
  - 按三次产业分的地区生产总值
- 就业与失业
  - 从业人员总数
  - 按三次产业分的从业人员数
  - 城镇登记失业率
- 固定资产投资
  - 固定资产投资额
  - 固定资产投资额占国内生产总值比重
  - 分行业固定资产投资
- 政府财政收入
- 交通运输
  - 铁路与公路里程
  - 区域交通运输网络密度
  - 客/货运交通总量
- 对外贸易
  - 进出口
  - 外商直接投资

社会文化维度

- 人口
  - 年末总人口数
  - 人口密度
  - 自然增长以外的人口变化
  - 平均预期寿命
  - 城市化水平
- 居民生活条件
  - 职工平均工资
  - 人均收入
  - 居民人均消费
  - 城乡消费差距和平均生活成本
  - 城乡居民人均储蓄
  - 城镇登记失业率
- 公共卫生服务
  - 医生总数
  - 每万人拥有的执业医生数
  - 医疗卫生机构的床位总数
  - 每万人拥有医疗卫生机构床位数
- 教育：初等/中等/高等教育
- 科学技术：研发经费支出

图 3.3 多维度路径资产分析及指标

第二节
研究区域

本书选择在中国具有突出的区域发展代表性的东北地区和长三角地区作为实证研究的两个案例区域。长三角是中国沿海三大城市群区域之一，也是中国国民经济的引擎，自20世纪90年代以来经历了快速的工业化和城市化；东北地区在50—70年代一直是国家制造业中心和中国区域经济的重要组成部分，但1980年以来表现出以"东北现象"为代表的降工业化趋势，似乎陷入了区域经济衰退的困境（Li 和 Nipper，2009）。包括东北和长三角在内的我国大多数区域的工业化进程中，多以牺牲环境和资源为代价获得经济增长，加剧了人与环境的紧张关系，造成了大气污染、水污染、城市建设不断占用耕地等一系列不可持续的环境问题（Zhang 和 Gangopadhyay，2015；Shapiro，2016；Huang 和 Zhu，2020）。

一、东北地区

东北地区包括位于中国东北部的黑龙江、吉林和辽宁三省，面积81万平方千米，占全国总面积的8.42%；人口1.0976亿，占全国总人口的8.02%。1949年中华人民共和国成立后，东北地区成为第一个国家重工业基地，并成为20世纪50年代最重要的国家重工业中心和国家建设的引擎。在"一五"计划（1953—1957）时期，东北地区作为先行者全面贯彻了国家计划经济体系，并形成了国营重工业高度集中的区域发展格局。到"一五"计划末，中国在苏联协助下共设立了156个国家建设项目，其中有58个在东北。计划经济时期，东北为国家工业现代化奠定了基础：中国炼出的第一炉钢、中国制造的第一辆汽车、第一艘万吨级船、第一架飞机、第一台液压机，均诞生于东北地区（陆加胜和李哲，2005）。与中国其他地区相比，在实施了若干个"五年计划"之后，东北地区已形成了相对较强的机械设备制造能力。自50年代以来，东北地区一直是国家工业基地，产业门类主要集中于设备制造业，包括钢铁、汽车、造船、飞机制造和石油精炼业。

然而，自1990年以来，伴随着中国经济的市场化改革，东北地区以重工业为基础的区域经济开始停滞不前，东北地区在全国国内生产总值中所占的比重从1978年的13.21%持续降至2021年的4.87%。东北地区表现出对计划经济的路径依赖，未能及时调整适应市场经济转型，这一转型困境已成为东北的区域经济难题。政府数据显示，2004年东北地区的人均国内生产总值仅相当于珠三角的三分之一。

自2003年以来，中国政府一直高度重视东北地区的可持续发展，振兴东北已成为中国的一项国策，但因未能彻底解决深层次的结构性和体制性问题而面临再度衰退的风险（金凤君，2018）。2016年颁布的《中共中央 国务院关于全面振兴东北地区等老工业基地的若干意见》明确指出："全面振兴东北地区等老工业基地是一项伟大而艰巨的任务，事关我国区域发展总体战略的实现。"在学术研究领域，东北地区的近期研究主题涉及环境污染、气候变化、生物多样性、湿地保护等区域可持续发展主题（Cui et al., 2022；Liu et al., 2022；Song et al., 2021；Yu et al., 2018）。

二、长三角地区

长三角是我国长江三角洲的简称，是指长江入海口三角洲地区的行政区域，包括江苏省、浙江省和上海市，总面积为21万平方千米，占全国总面积的2.20%，2020年年末常住人口超过1.74亿（中华人民共和国国家统计局，2022）。

长三角的快速发展很大程度上受益于中国的改革开放进程。长三角在全国经济发展中发挥着非常重要的作用，2021年长三角地区生产总值占全国的20.38%。长三角城市群不仅是中国最发达的、人口密度最高的区域之一，也是全球六大城市群之一，拥有一体化发展的长三角多中心城市网络。然而，1990年以来的大规模工业化及快速城镇化也造成了建设用地比重增长、环境事故数量增加等可持续发展压力。2000年以来，长三角自然资源短缺和环境恶化明显，人地关系日益紧张。

长三角地区的学术研究主题较为多元，涉及气候变化、环境质量与快速城市化的环境后果、经济发展与土地利用、城市群及社会脆弱性等，2020年以来更加关注生态安全、环境污染、社会经济活动对水质的影响、城市群灾害韧性、绿色技术创新等区域可持续性研究主题（Zhang et al.，2020；Lu et al.，2022；Jiang et al.，2022；Wang et al.，2021a；Xu et al.，2021）。

尽管上面提到的许多研究都涉及东北和长三角的区域发展问题，但它们中的大多数只关注了区域发展过程中的一两个方面，而未能形成对区域的全面理解。本书试图对东北和长三角两个区域进行综合分析，接下来的实证研究部分将依据本章第一节中所介绍的路径资产分析框架进行，在关联演化视角下分析区域能力。接下来，本书将转向以东北和长三角为例的实证研究，分别对两个区域进行经济维度（第四章）、社会文化维度（第五章）和环境维度（第六章）的多维路径资产分析。

第四章　路径资产分析Ⅰ：经济维度

本章聚焦于东北和长三角地区路径资产分析的经济维度，将主要分析自 1978 年以来的一些代表性指标，涵盖了区域经济及其结构（第一节）、就业与失业（第二节）、固定资产投资（第三节）、政府税收（第四节）、交通运输（第五节）和对外贸易（第六节），并在本章的最后（第七节）得出结论。本章主要采用基于官方统计数据的定量分析，主要数据来源是中华人民共和国国家统计局发布的年度官方统计数据，东北和长三角的区域数据根据省统计年鉴数据计算得出。其他侧重于东北、长三角及中国区域经济发展的分析研究，可作为本章中定量路径资产分析的补充。

第一节
区域经济及其结构

企业是区域经济的重要参与者，在进行路径资产分析之前，先了解一下东北和长三角地区企业的注册数量和状况，有助于了解区域经济及其结构。中华人民共和国国家统计局（2022）发布的关于企业数量的可用数据是按登记注册类型分的企业法人单位数，截至 2020 年年底，中国约 20%的企业位于长三角，而仅有约 4%的企业位于东北地区，除国有企业外，东北地区几乎所有类型的注册企业数量均远远落后于长三角区域（表 4.1）。

表 4.1　按登记注册类型分的企业法人单位数：东北、长三角及全国(2020 年)

	东北	长三角	全国	东北占全国比重(%)	长三角占全国比重(%)
企业法人单位数(个)	1 034 295	4 919 642	25 055 456	4.13	19.64
内资企业法人单位数(个)	1 026 545	4 828 623	24 784 352	4.14	19.48
国有企业法人单位数(个)	8 223	8 556	82 155	10.01	10.41
私营企业法人单位数(个)	878 525	4 579 246	22 835 565	3.85	20.05
港、澳、台商投资企业法人单位数(个)	2 278	36 210	143 350	1.59	25.26
外商投资企业单位法人单位数(个)	5 472	54 809	127 754	4.28	42.90

注：数据来自中华人民共和国国家统计局（2022）。

东北地区的国有企业对区域经济有着深远的影响，在本书第三章第二节的内容中有所提及。时至今日，东北地区的国有企业已经过多轮改制及民营化，数量上仅占该区域企业总数的约 0.8%，但仍远高于同年 0.33% 全国平均水平，约相当于后者的 2.5 倍，在一定程度上显示出东北地区国有企业及计划经济的路径依赖。与此形成对比的是，长三角 2020 年国有企业仅占该区域企业总数的不到 0.2%，远远低于同年全国平均水平，而长三角地区的私营企业和外商投资企业比例较高：四分之一以上的中国私营企业和近一半的外商投资企业都位于长三角地区(表 4.1)。上述分析表明，相对而言，东北地区经济受国有企业的影响更大，而长三角地区则具有丰富的民营经济和外国投资，这一特征为本章接下来的区域经济及其结构的路径资产分析提供了初步线索。

一、地区生产总值

地区生产总值是一个地区的国内生产总值，是指某个地区所有居民单位在一定时期内以市场价格生产的最终产品，并反映了该区域的经济总量

(中华人民共和国国家统计局 2022)。尽管自 1978 年以来东北和长三角两个区域的地区生产总值都有所增加，但它们的地区生产总值占国民生产总值的百分比发生了显著的变化，特别是东北地区在全国经济中所占的比重几乎逐年下降(表 4.2 和图 4.1)。

表 4.2 东北和长三角的地区生产总值及其占全国经济的比重

年份	地区生产总值（10 亿元） 东北	地区生产总值（10 亿元） 长三角	地区生产总值占全国的比重 东北	地区生产总值占全国的比重 长三角
1978	48.60	64.58	13.31%	17.69%
1985	107.40	154.77	11.88%	17.12%
1995	592.20	1 121.22	9.69%	18.34%
2005	1 714.08	4 089.77	9.22%	22.00%
2015	4 191.83	14 165.06	6.09%	20.56%
2021	5 569.88	23 309.49	4.87%	20.38%

注：数据来自中华人民共和国国家统计局（2022）。

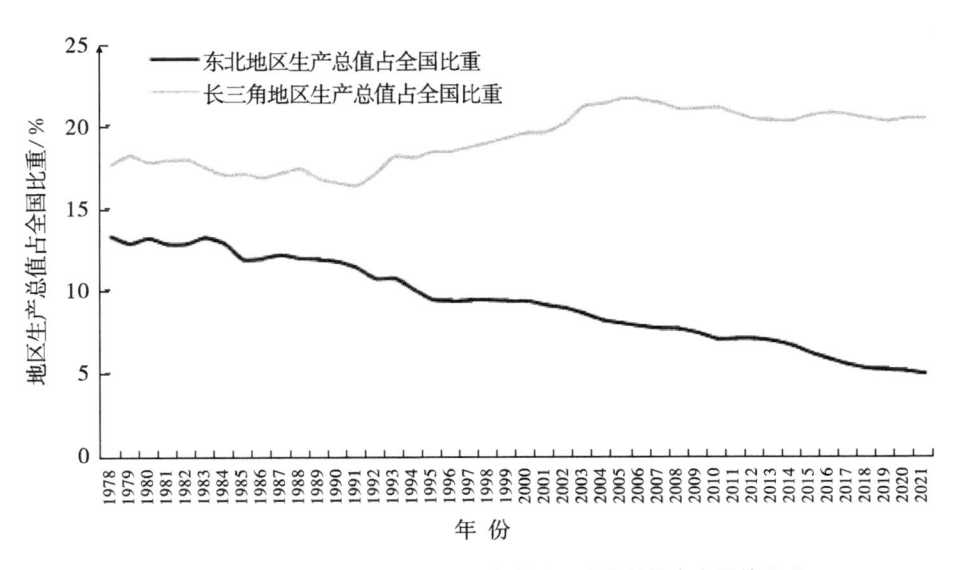

图 4.1 1978—2021 年东北和长三角的地区生产总值占全国的比重

数据来源：中华人民共和国国家统计局(2022)。

图 4.1 显示，与 1978 年实行改革开放政策之初时相比，2021 年东北地区的地区生产总值占全国经济总量的比重下降了 8.34%，而同期长三角地区的地区生产总值占全国经济总量的比重提升了 2.83%。此外，与东北地区相比，长三角地区在地区经济增长方面仍然继续保持着领先的地位，尤其是 1992 年以来。上述两地区之间的差距也日益扩大，从 1978 年的 4.34% 扩大至 2021 年的 15.51%。

二、人均地区生产总值

自 1978 年以来，东北和长三角这两个地区的人均地区生产总值均不断增长，但长三角地区增长的速度要快于东北地区（表 4.3 和图 4.2）。总体而言，1978—2003 年间，上述两个地区的人均地区生产总值一直领先于全国平均水平，而长三角地区的表现又好于东北地区。但是，自 2004 年以来，东北地区的人均生产总值开始低于全国平均水平，至 2020 年已降至全国均值的 72.12%，同期长三角地区的人均生产总值不断增长，但占全国人均生产总值的比值先增后降，至 2005 年达到峰值，为同年全国均值数的 194.08%，其后开始缓慢下降，至 2020 年降至 165.1%。

表 4.3 人均国内生产总值：东北、长三角及全国（元）

年份	东北	长三角	全国
1978	506.61	604.45	385
1985	1 155.43	1 350.57	866
1995	5 702.48	8 759.55	5 091
2005	15 934.54	28 265.73	14 368
2015	38 292.04	88 920.65	49 922
2020	51 804.27	118 525.81	1 013 567

注：数据来自中华人民共和国国家统计局（2022）；地区数据依据各年度分省统计年鉴数据计算得出。

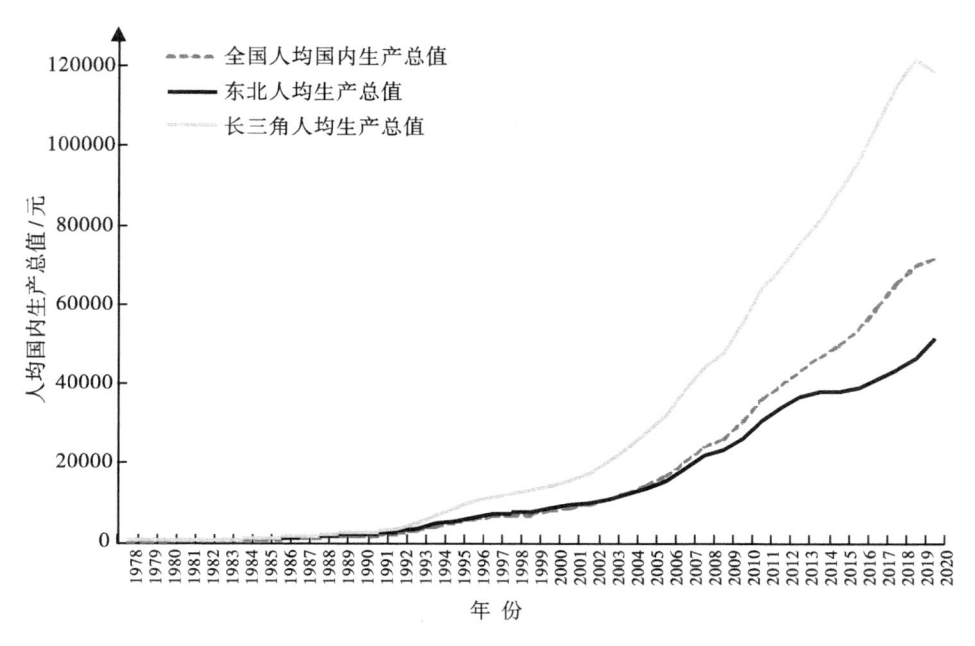

图 4.2　1978—2020 年东北、长三角及全国的人均国内生产总值

数据来源：同表 4.3。

三、按三次产业分的地区生产总值

根据《国民经济行业分类》（GB/T 4754—2017）和《三次产业划分规定》，我国的三次产业划分是：第一产业是指农、林、牧、渔业（不含农、林、牧、渔专业及辅助性活动）；第二产业是指采矿业（不含开采专业及辅助性活动），制造业（不含金属制品、机械和设备修理业），电力、热力、燃气及水生产和供应业，建筑业；第三产业即服务业，是指除第一产业、第二产业以外的其他行业（中华人民共和国国家统计局 2021）。

1978—2021 年，东北地区第一产业所占比重经历了多次增减变动，整体上呈现波动下降趋稳态势，自 2006 年以来稳定在 13%—14% 的区间；第二产业比重持续下降，自 1978 年至 2021 年间累计下降了约 30 个百分点；第三产业比重先升后降，自 1978 年以来快速上升，于 2019 年达到 52.3%

的峰值后缓慢下降，但2021年所占比重仍高于50%（表4.4和图4.3）。长三角地区第一产业所占比重持续下降，2021年第一产业占比仅为3%；第二产业占比总体先降后升，自1978年以来快速下降，2020年降至最低值39.4%，2021年略有回升，2019—2021年期间第二产业占比在40%左右；第三产业占比整体上升，2020年达到57.3%后于2021年略有下降（表4.4和图4.3）。上述两个地区之间的主要区别在于，东北地区的第一产业所占比重相对较高、第三产业增长较快、第二产业迅速萎缩，而长三角地区虽然第三产业所占比重较高、第二产业占比仍稳定在40%以上（表4.4和图4.3）。

表4.4 东北和长三角按三次产业分的地区生产总值构成　　（单位：%）

年份	东北 第一产业	东北 第二产业	东北 第三产业	长三角 第一产业	长三角 第二产业	长三角 第三产业
1978	20.0	64.3	15.7	19.6	61.3	19.1
1985	19.3	58.7	22.0	21.9	55.8	22.3
1995	18.4	49.9	31.7	13.1	53.3	33.6
2005	14.5	48.0	37.5	5.8	53.3	40.9
2010	12.9	48.3	38.8	4.4	50.1	45.5
2021	13.4	35.2	51.4	3.0	40.5	56.5

注：数据来源同表4.3。

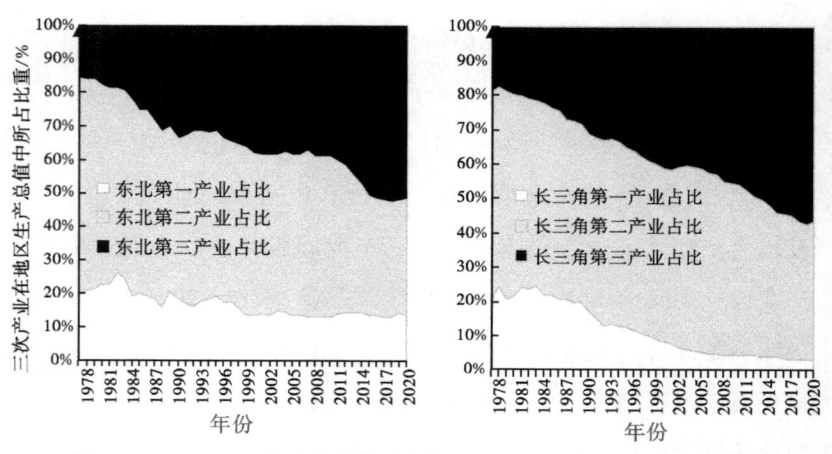

图4.3 1978—2021年东北和长三角按三次产业分的地区生产总值构成

数据来源：依据各省历年统计年鉴数据计算得出。

第二节
就业与失业

本节内容主要分析东北和长三角两个区域的就业与失业情况，按如下顺序进行：首先，分析两个区域的就业情况，主要分析以下两个就业指标——从业人员总数和按三次产业划分的就业结构；然后，以城镇登记失业率指标，分析两个区域的失业情况，采用这一失业率指标是因为，它是中国统计年鉴和国家统计数据库中正式公布的唯一失业率指标。受制于本章写作时官方统计数据的可获得性，本书主要对1978年至2020年间的东北和长三角区域就业和失业情况进行了分析。

一、从业人员总数

1978—2020年，东北地区的就业总人数整体呈波动下降态势，虽在2003年振兴东北战略实施后有所回升，但2014年起再度迅速下降，至2020年东北地区从业人员占全国的比重已降至6.61%（表4.5、图4.4、图4.5）。1978—2020年，长三角地区的就业总人数整体呈增长态势，特别是在1990年浦东开发开放后经历了一个迅速增长阶段，仅由于国际金融危机的影响，1998年的总就业人数有所减少（图4.4）。长三角地区从业人员总数占全国的比重整体上先降后升，1998年受亚洲金融危机影响，于1999年降至10.78%的最低值，而后一直稳步增长至今（表4.5和图4.5）。

二、按三次产业分的从业人员数

1978—2020年间，东北和长三角两个区域按三次产业划分的就业结构呈现以下三个特征：

首先，第一产业从业人员在东北地区所有从业人员中所占比重波动式下降，从1978年的49.66%降至2020年的33.05%，表明该地区从业人员

表4.5　东北和长三角的从业人员总数及占全国的百分比

年份	东北（百万人）	长三角（百万人）	东北地区从业人员占全国比重(%)	长三角从业人员占全国比重(%)
1978	29.06	52.71	7.24	13.13
1985	39.85	63.47	7.99	12.73
1995	48.42	72.82	7.11	10.70
2005	51.08	85.35	6.84	11.43
2010	54.27	91.67	7.13	12.05
2020	49.65	101.24	6.61	13.49

注：数据来源同图4.3。

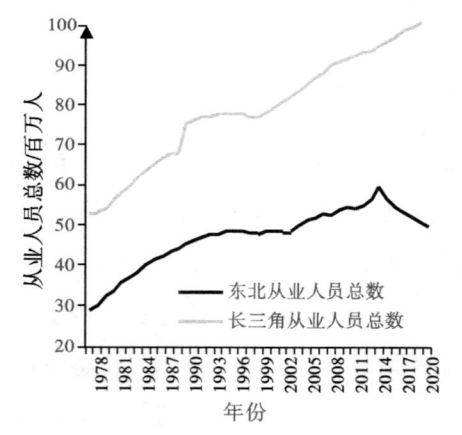

图4.4　1978—2020年东北和长三角从业人员总数
数据来源：同图4.3。

图4.5　1978—2020年东北和长三角从业人员占全国比重
数据来源：同图4.3。

总数的约三分之一仍从事第一产业，而在1998—2006年间东北地区第一产业从业人员所占比重更是高于40%。与之形成鲜明对比的是长三角地区的第一产业从业人员所占比重快速下降，自2004年以来已经低于30%，2009年以来低于20%，2019年以来降至10%以下，2020年长三角地区的第一产业从业人员所占比重仅为9.12%（图4.6）。

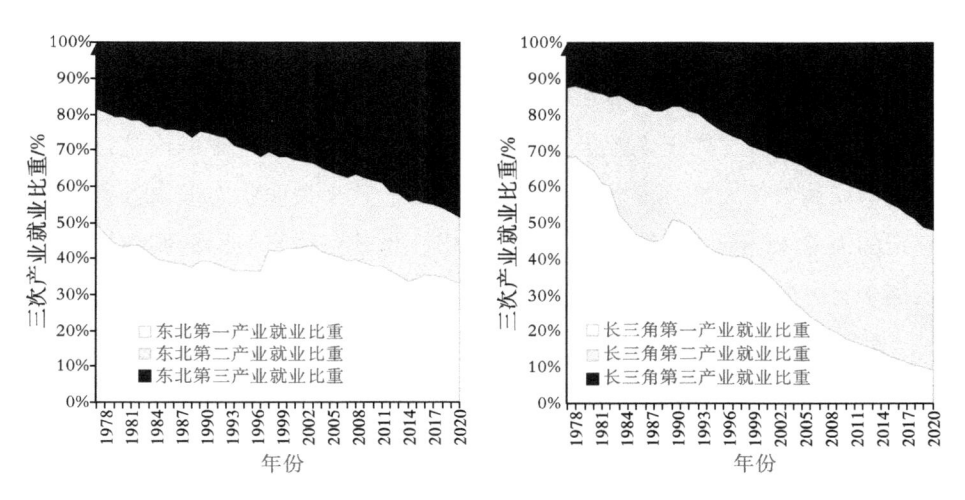

图 4.6　1978—2020 年东北和长三角按三次产业分的就业结构

数据来源：同图 4.3。

其次，从 1978—2020 年，东北地区第二产业的就业比重呈先升后降态势，在 1987 年达到 37.34% 的最大值后开始逐年下降，自 1998 年以来东北地区第二产业就业比重持续低于 30%，自 2018 年以来更是低于 20%，2020 年东北地区第二产业就业比重仅为 18.53%，显示了明显的降工业化趋势。而长三角地区的第二产业就业比重在 2012 年达到 43.16% 后开始缓慢下降，2020 年该地区第二产业就业比重为 39.16%，是东北地区的两倍多(图 4.6)。

最后，1978—2020 年东北和长三角地区第三产业从业人员数占各自区域总就业人数的比重几乎持续上升。东北地区的第三产业就业比重自 1978 年的 18.24% 升至 2020 年的 48.42%，提升了超过 30 个百分点；长三角地区自 1979 年的 11.51% 升至 2020 年的 51.72%，提升了超过 40 个百分点(图 4.6)。

三、城镇登记失业率

城镇登记失业率是指报告期末，登记失业人员期末实有人数占期末从

区域经济地理分析：
基于区域能力的空间实证检验

业人员总数与登记失业人员期末实有人数之和的比重，城镇登记失业人员是指劳动年龄（年满16周岁至依法享受基本养老保险待遇）内，有劳动能力，有就业要求，处于无业状态，并在公共就业和人才服务机构进行失业登记的城镇常住人员。依据上述定义，实际上处于失业状态但未进行失业登记的人并未包括在城镇登记失业统计中，也就是说，实际的城镇失业率或高于官方发布的城镇登记失业率数据。

此部分定量分析的数据来源为官方统计数据，其中，全国的城镇登记失业率数据以中华人民共和国国家统计局（2022）及历年中国统计年鉴，东北和长三角区域的城镇登记失业率是根据各省历年统计年鉴数据计算得出的。

分析发现，1978—2020年的43年中，东北地区仅有6年的城镇登记失业率低于长三角地区，其中，1999—2007年间东北地区的城镇登记失业率不仅高于长三角，也高于全国平均水平；但自2008年以来东北地区的城镇登记失业率缓慢下降，接近全国平均水平，约比长三角地区的城镇登记失业率高出0.4—0.8个百分点。除1999—2003年外，长三角地区的城镇登记失业率一直低于全国平均水平（图4.7）。

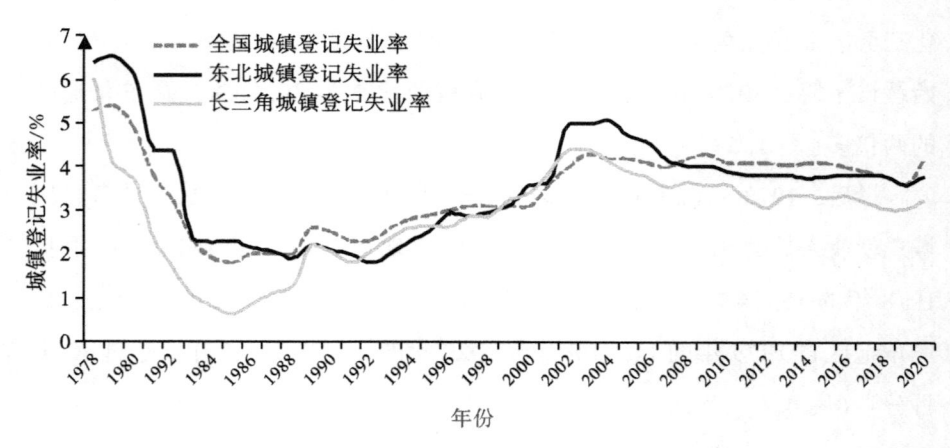

图4.7 1978—2020年东北、长三角与全国城镇登记失业率

数据来源：中华人民共和国国家统计局（2021）；地区数据依据各省历年统计年鉴数据计算。

第三节
固定资产投资

固定资产投资总额[1]是衡量一个国家或地区发生多少投资的指标，是以货币表示的一定时期内全社会建造和购置固定资产的工作量及相关费用。本节内容主要从三个方面来分析1978—2020年东北和长三角地区的固定资产投资：首先分析东北和长三角地区的固定资产投资总额及其在占全国固定资产投资中所占的比重，接下来分析东北和长三角区域的固定资产投资占地区生产总值的比重，最后对分行业固定资产投资进行了分析。

一、区域固定资产投资总额及其占全国的比重

自1978年以来，长三角地区的固定资产投资额几乎一直保持增长状态，而东北地区的固定资产投资额自2014年起开始下降，2020年长三角和东北地区的固定资产投资占全国固定资产投资总额的比重分别为20.32%和5.89%(图4.8a)。而就区域固定资产投资占全国固定资产投资总额的百分比这一指标而言，长三角地区自1979年以来始终都高于东北地区(图4.8b)。整体来看，1978—2020年，长三角相对于东北地区在固定资产投资方面一直处于更为有利的地位，但两个地区的固定资产投资额在全国固定资产投资总额中所占的比重呈现此消彼长的态势，即当东北地区占比增加时，长三角地区在全国所占的比重却有所下降，反之亦然(图4.8b)。

---

[1] 统计口径的变化：自1997年起，除房地产开发投资、农村非农户投资、农户投资及城镇和工矿区私人建房投资外，固定资产投资的统计起点从5万元提高到50万元；自2006年起，农村非农户固定资产投资统计改为按项目统计，调查方法由抽样调查改为全面调查，起点提高到50万元；自2006年起，城镇和工矿区私人建房投资改为按项目统计，起点为50万元；自2011年起，除房地产开发投资、农户投资外，固定资产投资项目统计起点由计划总投资50万元提高到500万元(中华人民共和国国家统计局，2021)。

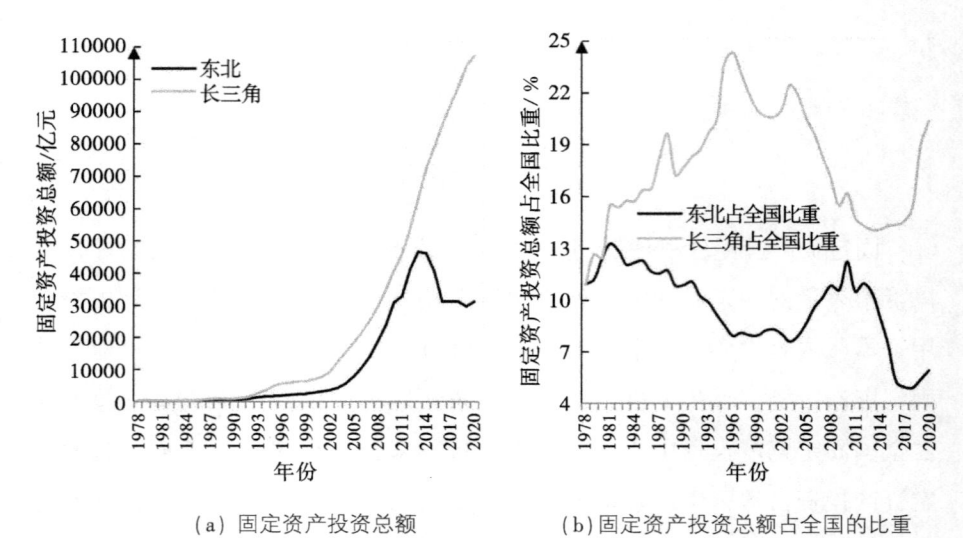

(a) 固定资产投资总额　　(b) 固定资产投资总额占全国的比重

图 4.8　1978—2020 年东北和长三角地区的固定资产投资总额及占全国的比重

数据来源：同图 4.7。

二、固定资产投资总额占国内生产总值的比重

固定资产投资占国内生产总值或区域生产总值的百分比反映了投资对经济增长的拉动效应。长三角地区的这一指标除在 1987—2004 年间高于全国平均水平外，其余年份均低于全国的平均水平，2005—2020 年期间介于 45%—56% 之间；2015 年以来略有下降，但降幅小于 4 个百分点，2015—2020 年期间介于 51%—56% 之间，2020 年长三角固定资产投资占地区生产总值的比重为 51.89%（图 4.9）。与之形成对比，东北地区的这一指标 1986—2005 年低于全国平均水平，始终低于 43%，但 2006—2015 年高于全国平均水平并一直保持在 60% 以上，2016 年以来占比虽有所下降，但 2020 年仍高于 60%（60.98%），反映了东北地区的区域经济增长主要由固定资产投资所驱动（图 4.9）。

三、各行业固定资产投资

各行业固定资产投资反映了固定资产投资的行业结构，根据中华人民

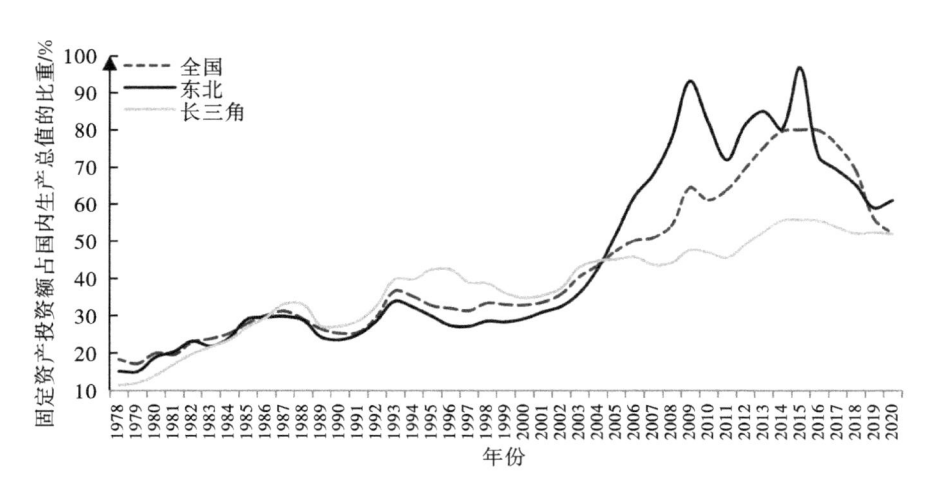

图 4.9　1978—2020 年东北、长三角和全国固定资产投资额占国内生产总值的比重
数据来源：同表 4.3。

共和国国家统计局(2021)的划分标准，中国共有 20 个固定资产投资行业类别，它们分别是：(1)农、林、牧、渔业；(2)采矿业；(3)制造业；(4)电力、热力、燃气及水生产和供应业；(5)建筑业；(6)批发和零售业；(7)交通运输、仓储和邮政业；(8)住宿和餐饮业；(9)信息传输、软件和信息技术服务业；(10)金融业；(11)房地产业；(12)租赁和商务服务业；(13)科学研究和技术服务业；(14)水利、环境和公共设施管理业；(15)居民服务、修理和其他服务业；(16)教育；(17)卫生和社会工作；(18)文化、体育和娱乐业；(19)公共管理、社会保障和社会组织；(20)国际组织。

通过分析 2003—2020 年东北、长三角和全国在上述 20 个行业中的固定资产投资占当年固定资产投资额的比重的变化，计算 2003—2020 年上述 20 个行业对固定资产投资的年均贡献，筛选出固定资产投资的前十行业及其对东北、长三角和全国固定资产投资的平均贡献(表 4.6)，发现制造业和房地产业是东北、长三角和全国最重要的两个固定资产投资领域，尤其是相较于房地产业而言，制造业是东北、长三角和全国固定资产投资领域贡献排名第一的行业，而制造业和房地产业这两个行业在东北、长三角和全国固定资产投资总额中所占比重皆超过 50%。2003—2020 年，东北地区的制造业和房地产业两个行业的年均贡献率为52.60%，全国这两个行业的年均贡献率为57.53%，而同期长三角地区上述两个行业的年均贡献率高达64.71%（表4.6）。除制造业和房地产业之外，水利、环境和公共设施管理业以及交通运输、仓储和邮政业分别位列第三、第四位，2003—2020年，制造业、房地产业、水利、环境和公共设施管理业以及交通运输、仓储和邮政业这四个行业对东北、长三角和全国的固定资产投资年均贡献率分别达到66.71%、79.86%和76.94%（表4.6）。此外，农、林、牧、渔业以及采矿业在东北地区相对具有投资优势，教育及文化、体育和娱乐业在长三角地区相对具有投资优势，而电力、热力、燃气及水生产和供应业以及信息传输、软件和信息技术服务业在东北、长三角及全国均具有一定的投资优势（表4.6）。

表4.6 2003—2020年东北、长三角和全国固定资产投资贡献排名前十的行业及其年均贡献率

排名	东北 行业	贡献率	长三角 行业	贡献率	全国 行业	贡献率
1	制造业	32.89%	制造业	37.57%	制造业	32.63%
2	房地产业	19.70%	房地产业	27.14%	房地产业	24.91%
3	水利、环境和公共设施管理业	7.72%	水利、环境和公共设施管理业	9.34%	水利、环境和公共设施管理业	9.84%
4	交通运输、仓储和邮政业	6.40%	交通运输、仓储和邮政业	5.81%	交通运输、仓储和邮政业	9.56%
5	农、林、牧、渔业	5.37%	电力、热力、燃气及水生产和供应业	4.47%	电力、热力、燃气及水生产和供应业	5.90%
6	电力、热力、燃气及水生产和供应业	4.77%	信息传输、软件和信息技术服务业	2.81%	农、林、牧、渔业	3.44%
7	采矿业	4.70%	租赁和商务服务业	1.69%	采矿业	3.15%
8	信息传输、软件和信息技术服务业	3.95%	批发和零售业	1.50%	信息传输、软件和信息技术服务业	2.22%
9	批发和零售业	2.46%	教育	1.47%	批发和零售业	2.10%
10	公共管理、社会保障和社会组织	1.78%	文化、体育和娱乐业	1.10%	公共管理、社会保障和社会组织	1.97%

注：数据来源同表4.3。

对于固定资产投资与就业之间的关系，东北和长三角地区具有各自的区域特点。对东北地区而言，东北地区的农、林、牧、渔业和采矿业的固定资产投资贡献均高于全国平均水平，这与本章第二节中分析的东北地区第一产业的就业百分比相对较高有关(见本章第二节中的图4.6)。与此相反，就长三角地区而言，除信息传输、软件和信息技术及租赁和商务服务业外，长三角地区的教育及文化、体育和娱乐业的固定资产投资年均贡献均高于东北地区和全国的平均水平，与长三角地区第三产业的就业比重不断上升相一致(见本章第二节中的图4.6)。

第四节
政府财政收入

政府财政收入作为确保政府职能运作的财力保证，是指政府财政通过参与社会产品分配所取得的收入。本节中的东北和长三角地区的政府财政收入根据1978—2020年各省政府的一般公共预算收入计算而得出。

从1978—2020年历年政府财政收入来看，长三角地区的政府绝对收入在持续增长，且长三角地区的政府财政收入增长要远远快于东北地区，而东北地区的政府财政收入则先增后减，自2013年起再次下降(图4.10a)。通过分析1978—2020年各年度东北地区的政府财政收入相对于长三角地区政府财政收入的比值发现，1978年东北地区的政府财政收入相当于长三角的三分之二还要略高一点(66.83%)，而1985年东北地区的政府财政收入还不到长三角地区的一半(43.53%)，2005年东北地区的政府财政收入还不到长三角的三分之一(31.54%)，2015年东北地区的政府财政收入仅相当于长三角的不到四分之一(24.64%)，2020年东北地区的政府财政收入仅相当于长三角的五分之一略多一点(20.95%)，这表明自1978年以来，东北地区的政府财政能力较为欠缺，长三角地区整体的财政能力要高于东北地区。

从1978—2020年东北和长三角两个地区历年的政府财政收入在全国财

政收入中所占的比重来看，与1978年改革开放之初相比，2020年上述两个地区的政府财政收入在全国财政收入中所占的比重分别下降了10个百分点左右，东北地区的降幅更大——从1978年的15.21%降至2020年的2.68%，长三角地区也从1978年的22.77%降至2020年的12.77%。尽管东北和长三角这两个区域之间的差距在1985—1994年之间有所减少，但上述两个区域间的差距自1994年起几乎逐年扩大，特别是2012年以来上述两个区域间政府财政收入全国所占的比重的差距从2012年的6.60个百分点扩大至2020年的10.09个百分点，而1994年二者仅相差2.24个百分点，这既反映了在此期间国家的分税制财政体制改革的深入，也从侧面揭示了全国范围内的各地区间的经济竞争(图4.10b)。

综上，2020年东北地区的政府财政收入占全国的比重已低于3%(图4.10b)，表明东北地区在全国各区域中的政府财政能力已较为落后，从侧面反映了东北地区的政府财政收入在全国各区域中的重要性已大幅下降，而长三角区域的政府财政能力依然较高，其政府财政收入仍占到全国的八分之一以上(图4.10b)。

(a) 历年政府财政收入　　(b) 历年政府财政收入占全国的比重

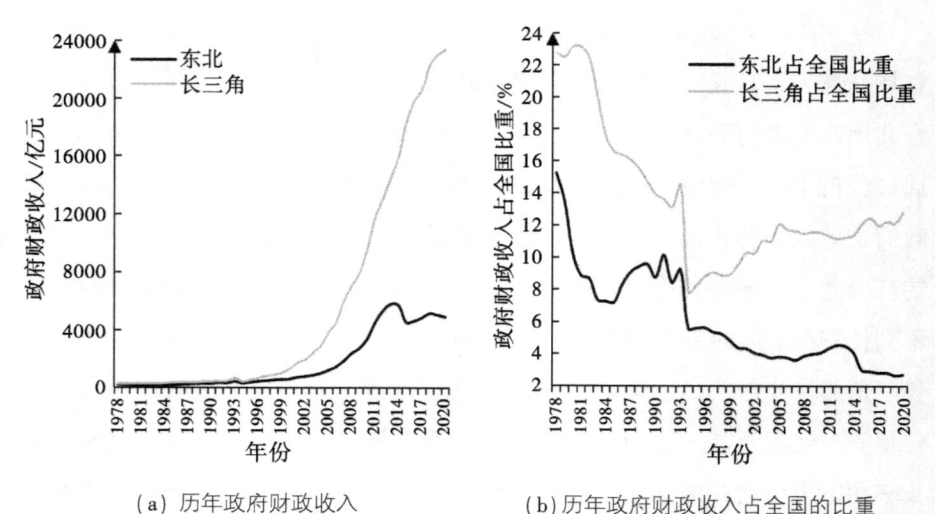

图4.10　1978—2020年东北和长三角地区的政府财政收入及占全国的比重

数据来源：同图4.7。

第五节
交通运输

交通运输是区域经济维度的一个重要方面，反映了区域基础设施和可达性方面的区域能力。表4.7中列出了2020年年底东北、长三角和全国的交通运输情况的一些基本信息。鉴于长三角地区的港口（包括沿海港口和内河港口）比东北地区更具竞争力，本节中的路径资产分析将主要侧重于对1978—2020年期间东北和长三角区域内陆运输方式的分析。考虑到铁路和公路在东北和长三角地区内陆运输中的重要作用（表4.7），本节将主要分析铁路与公路里程、铁路与公路网密度以及客货运量。本节的主要数据来源如下：全国的数据来自中华人民共和国国家统计局（2022），东北和长三角地区的数据依据历年各省统计年鉴数据计算得出。

一、铁路与公路里程

这部分分析了1978—2020年东北和长三角地区铁路和公路里程，并调查了其长度及其在全国总数中所占百分比的变化。铁路营业里程和公路里程是两个主要指标，全国的数据来自中华人民共和国国家统计局（2022），东北和长三角地区的数据依据历年各省统计年鉴数据计算得出。

一方面，1978—2020年，东北和长三角地区的铁路运营里程和公路里程均有所增加（图4.11）。特别是在图4.11b中，两个地区的公路里程均在2005年突然增加，其原因是国家统计标准的变化，自2005年以来乡村道路的里程也计入了公路里程中。根据这一新的统计标准，2005年全国公路长度为335万千米，而2004年仅为187万千米。尽管如此，这一变化并没有对东北和长三角地区的运输总体状况产生过多的影响。实际上，由于东北地区的面积（81万平方千米）几乎是长三角面积（21万平方千米）的四倍，

表 4.7　东北、长三角和全国交通运输的基本信息（2020年）

	东北	长三角	全国	东北/全国（%）	长三角/全国（%）
交通运输线路长度(万千米)					
铁路营业里程	1.84	0.79	14.63	12.58	5.40
公路里程	40.68	29.41	519.81	7.83	5.66
内河航道里程	0.70	3.59	12.77	5.48	28.11
客运量（万人）	61 142.95	152 617.86	966 541.72	6.33	15.79
铁路	15 520.95	39 541.86	220 349.90	7.04	17.95
公路	45 257.00	107 857.00	689 425.00	6.56	15.64
水运	365.00	5 219.00	14 987.00	2.44	34.82
旅客周转量（亿人公里）	808.22	1 731.81	19 251.48	4.20	9.00
铁路	532.65	1 061.96	8 266.19	6.44	12.85
公路	273.81	663.53	4 641.01	5.90	14.30
水运	1.76	6.32	32.99	5.33	19.16
货运量（万吨）	260 851.18	714 323.884	735 565.76	5.51	15.08
铁路	43 152.18	12 111.88	445 761.29	9.68	2.72
公路	212 364.00	410 257.003	426 413.00	6.20	11.97
水运	5 335.00	291 955.00	761 630.00	0.70	38.33
货物周转量（亿吨公里）	8 871.28	56 009.69	202 068.67	4.39	27.72
铁路	2 707.20	574.36	30 371.79	8.91	1.89
公路	4 537.15	6 419.06	60 171.85	7.54	10.67
水运	1 626.91	49 016.25	105 834.44	1.54	46.31
沿海主要规模以上港口*					
货物吞吐量（万吨）	57 222	219 019	948 002	6.04	23.10
码头长度（米）	66 804	257 282	942 866	7.09	28.29

续表

	东北	长三角	全国	东北/全国（%）	长三角/全国（%）
泊位个数	349	2 198	6 447	5.41	34.09
万吨级以上泊位个数	173	474	2 138	8.09	22.17
内河主要规模以上港口**					
码头长度（米）	0	164 584	1 142 202	0	14.41
泊位个数	0	1 651	17 297	0	9.55
万吨级以上泊位个数	0	311	454	0	68.50

* 沿海主要规模以上港口是指年货物吞吐量在 1 000 万吨及以上的沿海港口

** 内河主要规模以上港口是指年货物吞吐量在 200 万吨及以上的内河港口

注：数据来源同表 4.3。

这有助于理解为什么东北地区在铁路和公路里程上比长三角地区的绝对值高得多。

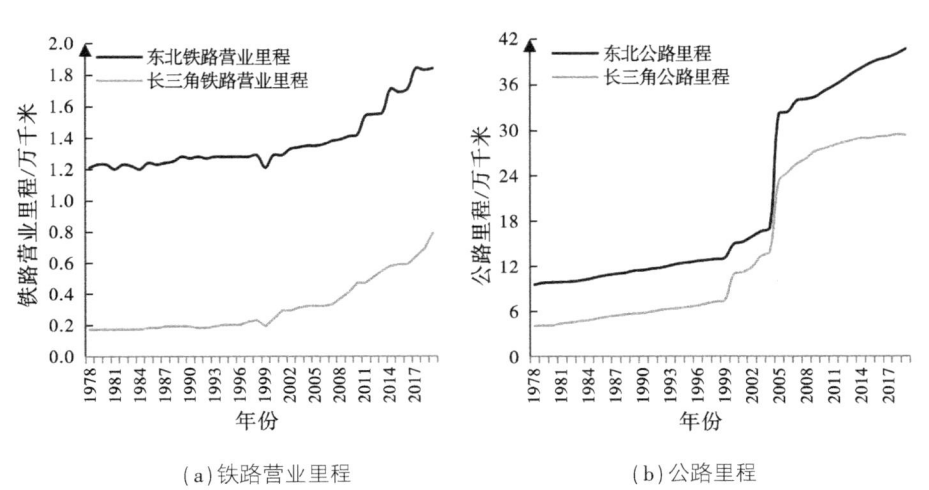

(a) 铁路营业里程　　　　　　　　(b) 公路里程

图 4.11　1978—2020 年东北和长三角地区的铁路营业里程和公路里程

数据来源：同表 4.3。

另一方面，考察1978—2020年两个区域的铁路和公路里程在全国总里程中所占的百分比，发现东北地区铁路营业里程占全国的比重由1978年的23.4%降至2020年的12.58%，而长三角地区铁路营业里程从1978—2001年间的3%左右升至2020年的5.4%（图4.12a）。就公路里程占比而言，由于上文中提及的2005年以来国家统计标准的变化，图4.12b图中相应的年份前后存在较大的差距。东北地区的公路里程由1978—1995年间的约11%降至2004年的8.87%，2019—2020年进一步降为8%以下（2020年为7.8%）。长三角地区的公路里程占比则先升后降，由1978年的4.3%升至2004年的7.11%而后开始下降，2020年长三角地区的公路里程约占全国公路总里程的5.66%。2005—2020年，东北地区和长三角地区的公路里程在全国所占的比重均有所下降，降幅分别约为1.5个百分点和1.2个百分点，反映了在此期间有更多的铁路、公路等基础设施投资于中国的其他区域（图4.12b）。

(a) 铁路营业里程占全国比重　　　　(b) 公路里程占全国比重

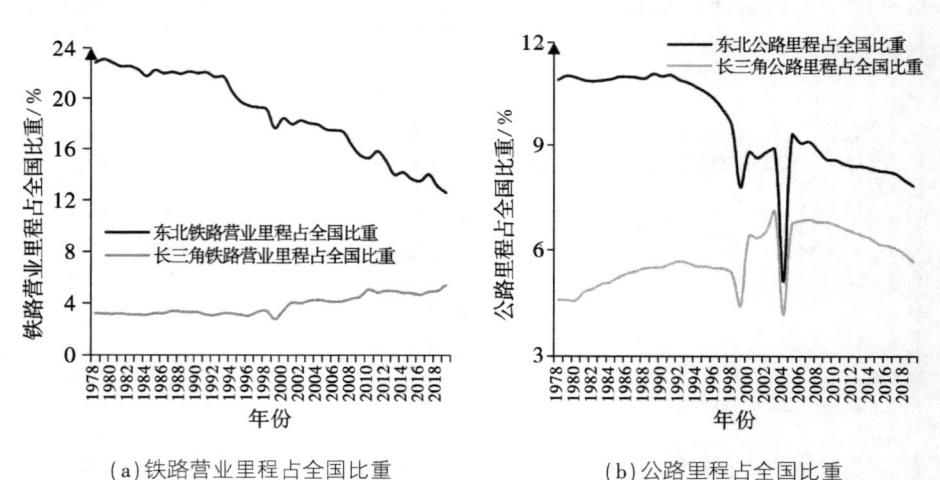

图4.12　1978—2020年东北和长三角地区的铁路营业里程和公路里程

数据来源：同表4.3。

二、区域内陆交通运输网络密度

这一部分内容主要分析1978—2020年东北和长三角地区的铁路网密度

第四章　路径资产分析Ⅰ：经济维度

和公路网密度，并以全国的铁路网密度和公路网密度为参考。尽管 1978—2020 年，东北和长三角地区的铁路网密度和公路网密度都在增加，但自 2001 年以来，长三角区域交通基础设施建设更为快速，具体表现为：从 2009 年以来，长三角区域的铁路网密度已经超过了东北地区（图 4.13a），且自 2006 年以来，东北和长三角地区的公路网络密度的差距亦有所扩大（图 4.13b）。

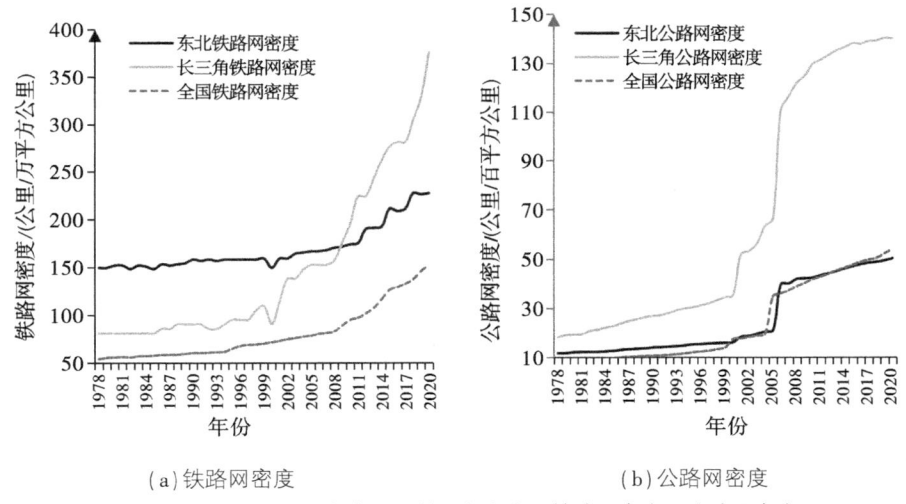

(a) 铁路网密度　　　　(b) 公路网密度

图 4.13　1978—2020 年东北、长三角和全国铁路网密度及公路网密度

数据来源：同表 4.3。

从图 4.13 中可以看出，长三角地区在发展区域铁路和公路运输方面表现出了很强的区域能力。2020 年，长三角地区的铁路网络密度为 376.19 千米/万平方千米，高于东北地区的 227.16 千米/万平方千米，也远高于全国同期的平均水平，是同期全国平均铁路网络密度（116.46 千米/万平方千米）的 3.23 倍（图 4.13a）。此外，2020 年，长三角地区的公路网密度为 140.05 千米/百平方千米，远高于全国平均水平（54.15 千米/百平方千米），而东北地区 2020 年的公路网密度仅为 50.22 千米/百平方千米，低于全国平均水平（图 4.13b）。

长三角较高的铁路与公路网密度与其 1978 年以来的工业化和城市化进

程有关，尤其是自20世纪90年代设立上海浦东新区以来，国家对促进长三角地区的投资和经济有一些优惠政策。上海是长三角地区首位的网络节点，为长三角地区的交通运输基础设施网络发展作出了贡献。为了满足日益增长的对铁路和公路的高需求，在长三角城市群区域形成包括上海、南京、杭州、苏州和无锡在内的网络节点，以服务于城市群内部的交通运输增长需求，长三角的区域交通运输系统也因此成为中国最发达的区域交通运输系统之一，为长三角区域经济和社会发展作出了贡献。

三、客货运交通

这一部分内容主要分析交通运输业为东北和长三角地区国民经济和人民生活服务的两个指标——旅客运输量和货物运输量，同时也会参考全国的客运和货运总量，分析两个地区客货运交通占全国比重的变化。需说明的是，自2013年起由于国家统计标准的变化，导致2013年之后的旅客运输量与2012年之前的年份不可比，将分别予以分析。

一方面，东北地区和长三角地区的旅客运输量在1978—2012年几乎持续增长，2013—2020年东北地区的旅客运输量和货物运输量均呈现下降态势，而长三角地区的货物运输量保持了增长的态势，增幅要远远高于东北地区(图4.14)。分析1978—2020年东北和长三角这两个地区的旅客运输量，发现东北地区仅在1978年比长三角地区实现了更多的旅客运输量，该年度东北地区的旅客运输量为5.16亿人，长三角地区的旅客运输量为4.52亿人；而从1979—2020年，长三角地区在旅客运输量方面始终领先于东北地区(图4.14a)。分析1978—2020年期间上述两个地区的货物运输量，发现东北地区在1978—1992年间的货运量均高于长三角地区，但1993—2020年间长三角地区的货运量则远高于东北地区，这也反映了长三角地区更多的货物运输需求。整体而言，与东北地区相比，长三角地区交通运输系统的效率更高。

另一方面，分析区域交通在中国国家交通运输系统中的作用。与长三

(a) 旅客运输量　　　　　　　　(b) 货物运输量

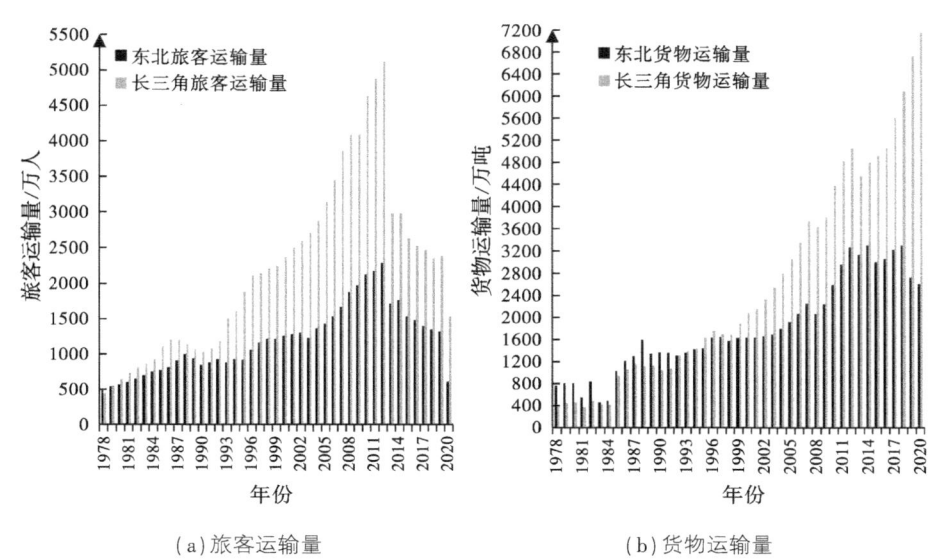

图 4.14　1978—2020 年东北和长三角地区的旅客运输量与货物运输量

数据来源：同表 4.3。

角地区呈"下降—上升—下降—上升"的 W 型波动特征相比，东北地区 1978—2020 年的旅客运输量和货物运输量占全国的比重呈现波动下降趋势，东北地区 2020 年的旅客运输量和货物运输量占全国的比重分别比 1978 年下降了 14 个百分点和 18 个百分点（图 4.15）。1990—2007 年，在国家决定在上海建立浦东新区并实施一系列开发开放的有利政策之后，长三角地区的旅客运输量和货物运输量由于该地区的对外开放而迅速增长。受 2008 年国际金融危机以及国家为防止投资过热而采取的宏观调控政策的影响，加之 2008 年统计标准调整导致公路和水路的旅客运输量和货物运输量指标数据发生了变化，长三角地区的客运和货运业务总量占全国的比重在 2008—2018 年期间有所下降，但在长三角一体化升级为国家战略的政策影响下，2019—2020 年长三角地区的旅客运输量和货物运输量占全国的比重又有所回升（图 4.15）。与改革开放之初相比，2020 年长三角地区的旅客运输量占全国的比重比 1978 年下降了 2 个百分点，其货物运输量占全国的比重则提升了约 3 个百分点。

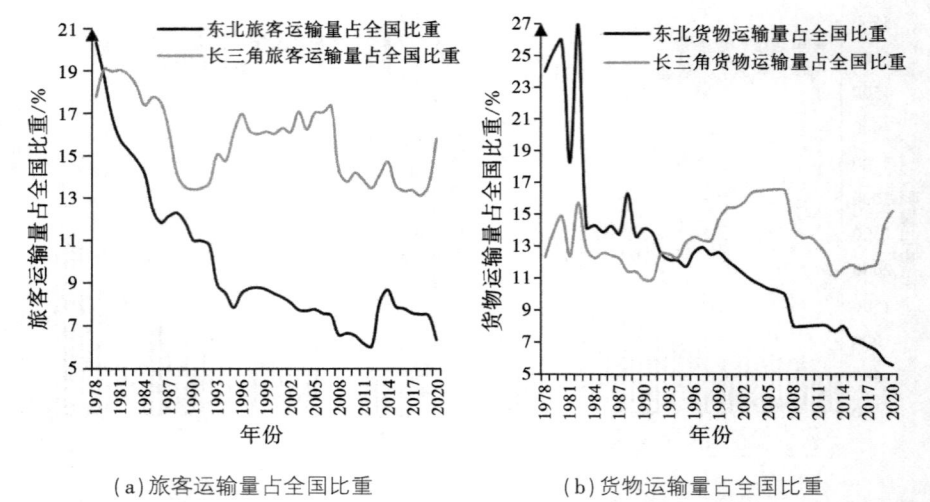

(a) 旅客运输量占全国比重　　　　　(b) 货物运输量占全国比重

图 4.15　1978—2020 年东北和长三角地区的旅客运输量与货物运输量占全国的比重

数据来源：同表 4.3。

第六节
对外贸易

本节主要从进出口和外商直接投资两个方面来分析东北和长三角区域的对外贸易。

一、进出口

海关货物进出口总额是观察一个国家或地区对外贸易总规模的重要指标，这一部分内容将主要分析 1978—2020 年东北和长三角地区的进出口总额及其占全国同期进出口总额的比重。东北和长三角地区的进出口总额依据 1978—2020 年按进出口商所在地划分的各省进出口总额数据计算得出，主要的数据来源为中华人民共和国国家统计局（2022）以及各年度的省统计年鉴。

研究发现，1978—2020 年东北和长三角的区域进出口总额变化呈现以下主要特征：长三角地区自 1978 年以来一直保持着区域进出口总额的领先地位,而东北地区与长三角地区之间的差距自1990年以来不断扩大(图4.16)。1978年东北地区的进出口总额为16.72亿美元,占全国的8.1%;2020年,东北地区实现进出口总额1 355.86亿美元,占全国的比重却降至2.91%。与东北地区形成鲜明对比的是,得益于中央政府在浦东新区实行有利的进出口国家政策,长三角地区在对外贸易方面取得了显著成就,自上海浦东新区成立以来加剧了东北和长三角这两个区域间的进出口总额差距。1992—2007年,长三角地区的进出口总额保持27.28%的年均增长率,几乎是东北地区同期年均增长率(13.84%)的两倍。然而,受2008年国际金融危机的影响,长三角区域进出口总额的年增长率在2008年和2009年分别降至14.37%和-13.01%。2015年,在国家宏观经济背景缓慢增长的新常态背景下,东北、长三角和中国的进出口总额均出现了一定程度的下降。尽管如此,长三角地区2015—2020年的进出口总额均相当于同期全国进出口总额的三分之一以上,2020年长三角地区的进出口总额再创新高,实现进出口总额16 352.06亿美元,占全国的35.12%(图4.16)。

(a)进出口总额　　(b)进出口总额占全国比重

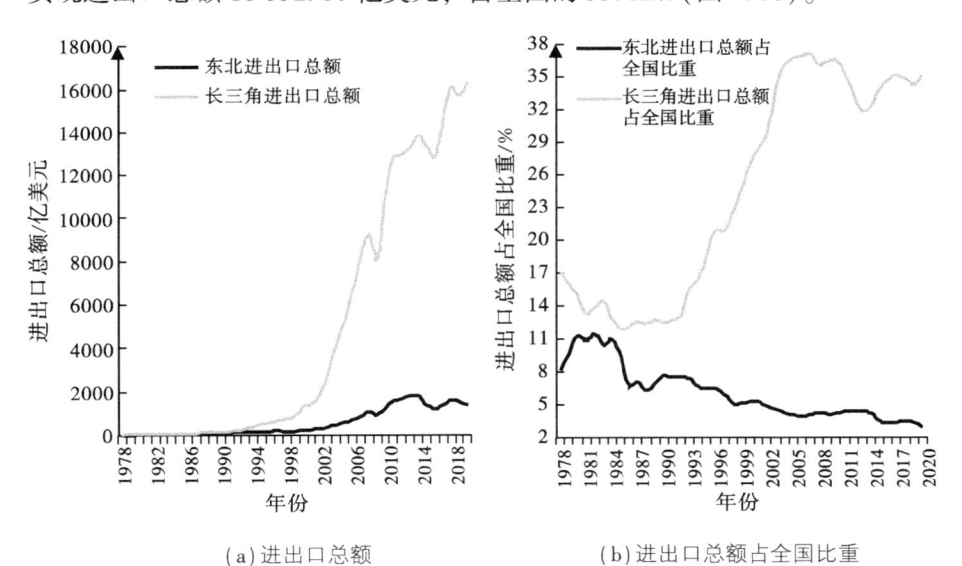

图4.16　1978—2020年东北和长三角地区的进出口总额及其占全国的比重

数据来源:同表4.3。

进一步考察东北和长三角地区的进出口总额占全国进出口总额的比重，发现上述两个地区之间的差距自1985年以来几乎在持续扩大。长三角地区除在1978—1985年间略有下降，约有5个百分点的降幅，而后1985—2007年逐年增长，其间占比增幅超过25个百分点，在2007年达到37.18%占比后有所下降，经2008—2009年调整后再次下降，在2013年触及31.93%的新低点后再次上升，2015—2020年长三角地区的进出口总额占比稳定在全国的三分之一以上（图4.16b）。与此相反，东北地区的区域进出口总额占全国进出口总额的比重除在1978—1984年呈上升趋势，1990—2020年该区域在全国进出口总额中所占的比重几乎连年下降（图4.16b）。

此外，分析1978—2020年东北地区进出口总额与长三角地区进出口总额的比值，发现1978年东北地区的进出口总额还不及同年长三角地区的一半，之后二者的差距逐年缩小，至1984年东北地区与长三角地区的进出口总额的比值最为接近，前者相当于后者的86.16%。而后，二者间的差距重新扩大，特别是1990—2020年，东北地区与长三角地区的进出口总额的比值不断下降，1990年东北地区的进出口总额约相当于长三角地区的五分之三（61.08%），1995年东北地区的进出口总额约相当于长三角地区的三分之一（34.84%），2005年东北地区的进出口总额约相当于长三角地区的10.95%，2015年东北地区的进出口总额约相当于长三角地区的十分之一（10.13%），2020年东北地区的进出口总额仅相当于长三角地区的8.29%。

以上分析表明，长三角在中国进出口贸易中一直发挥着重要作用，尤其是自2003年以来，长三角一直为国家进出口作出了巨大的贡献，每年的贡献率都超过30%，2003—2020年长三角地区对中国进出口总额的年均贡献率达到35.05%，而同期东北地区对全国进出口总额的年均贡献率仅为3.89%，反映了东北地区在开放型经济以及对外贸易发展中的不足。

二、外商直接投资

随着中国改革开放步伐的加快，外商直接投资已成为实际利用外资的一个重要指标。受制于年度实际使用外资的省级统计数据的可获得性，主要分析1985—2020年东北和长三角地区的外商直接投资，主要的数据来源是各年度的国家和省级统计年鉴。东北和长三角地区的外商直接投资数据是1985—2020年各年度实际利用的外资额，地区数据由各省统计年鉴数据计算得出。

整体上，1985—2020年，东北和长三角地区吸引的外商直接投资额以及两个地区的外商直接投资额占全国的比重均先增后降(表4.8、图4.17)。

表4.8 东北地区和长三角地区的外商直接投资额及其占全国外商直接投资总额的比重

年份	外商直接投资额（亿美元）		外商直接投资额占全国的比重	
	东北	长三角	东北	长三角
1985	0.23	0.91	1.17%	4.64%
1995	22.61	92.88	6.03%	24.75%
2005	56.98	27.76	9.45%	46.01%
2015	480.65	596.94	38.07%	47.28%
2020	371.51	644.02	25.73%	44.61%

注：依据各年度中国统计年鉴和省级统计年鉴数据计算得出。

一方面，在经历了外商直接投资额长期的连年增长后，长三角地区的外商直接投资额于2013年开始下降，东北地区则于2018年开始下降，2020年长三角地区的外商直接投资额有所回升，而东北地区则继续下降(图4.17a)。

另一方面，东北地区外商直接投资额在全国外商直接投资总额中所占的比重自2018年开始下降，长三角地区自2012年起便开始下降。东北地区自2018年起下降的原因在于统计标准的变化，致使2018年之后的数据与2018年之前的数据不可比，但在2018年之后，东北地区2019年和2020年吸引的外商直接投资额占全国的比重依然下降，2019年为32.06%，2020年降至25.73%(表4.8、图4.17b)。

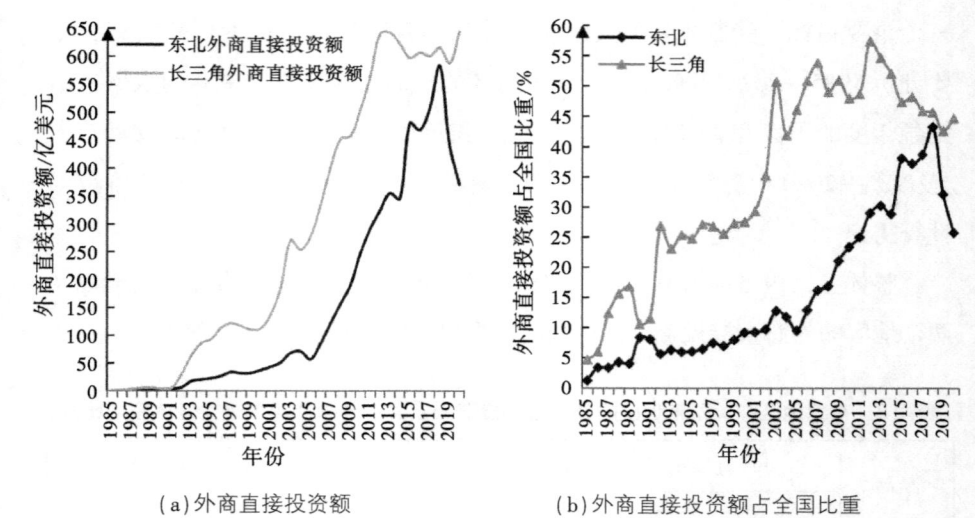

(a) 外商直接投资额　　　　　　　(b) 外商直接投资额占全国比重

图 4.17　1985—2020 年东北和长三角地区的外商直接投资额及其占全国的比重
数据来源：同表 4.3。

与东北地区相比，长三角地区在外商直接投资领域处于领先地位，并对我国经济发展扮演着更为重要的角色，而这也意味着相较于东北地区而言，长三角区域经济也更多地与海外经济体及全球市场相关。

实际上，外商直接投资可以促进区域经济发展，这在长三角地区尤为明显。研究表明，外商直接投资可显著提高长三角的经济增长、劳动力、外贸、金融水平（Yang，2020）。长三角一体化通过产业分工和市场统一，对外商直接投资产生了显著的积极影响，且对现有城市的影响高于新城市（Huan et al.，2022）。在长三角区域，外商投资企业通过与本地企业之间的互动，对与之相似的县和相关行业的国内企业生产率产生了积极的溢出效应（Tanaka 和 Hashiguchi，2015）。

然而，随着 20 世纪 90 年代以来外商直接投资在长三角地区的集聚，本地公司还必须面对不断上涨的劳动力和土地成本以及客户对产品质量更高期望的挑战，这也促进了长三角从全球制造业中心向全球创新中心的转型（Liu 和 Li，2015）。整体而言，外商对长三角制造业的直接投资有助于促进长三角地区的产业结构升级。

第七节
小结

通过回顾本章前面六节中对东北地区和长三角地区经济维度进行的路径资产分析，综合考虑国家宏观经济环境、区域经济结构、就业、投资、运输和对外贸易对区域经济发展的作用，得出东北地区和长三角地区区域经济发展的结论。

由于自 2014 年以来，中国区域发展的宏观经济环境陷入了缓慢增长的"新常态"，因此东北和长三角地区的区域经济也面临某种形式的放缓。尽管如此，长三角地区仍然在中国的区域经济发展方面处于领先地位。2020 年，长三角地区以仅占全国 2% 的面积，集聚了全国 12% 的人口，创造了中国 20% 的国内生产总值、13% 的政府收入、20% 的固定资产投资、35% 的进出口总额、43% 的外商投资企业数量和 45% 的外商直接投资额。相比之下，2020 年，东北地区以占全国 8% 的面积和 7% 的人口，贡献了全国 5% 的国内生产总值、3% 的政府收入、6% 的固定资产投资、3% 的进出口总额、4% 的外商投资企业数量以及 26% 的外商直接投资额。

产业结构方面，1978—2020 年，东北地区和长三角地区的第三产业一直在蓬勃发展，第三产业对上述两个区域经济增长的贡献均超过 50%。2020 年，东北地区第一产业对区域经济的贡献仍超过 13%，第二产业占比已降至 35% 左右，同年长三角地区第一产业占比已降至 3%，第二产业对区域经济的贡献仍超过 40%，反映了东北地区相较长三角地区具有更明显的降工业化特征。

就业方面，1978—2020 年，东北和长三角两个区域的第三产业就业比重分别提升了 30 个百分点和 40 个百分点。与长三角地区相比，东北地区在第一产业中的就业人数更多，这表明东北地区对于国家农业生产和国家粮食安全依然具有重要地位。

区域经济地理分析：
基于区域能力的空间实证检验

区域基础设施建设方面，长三角地区自1990年以来区域基础设施建设快速发展，铁路网密度和公路网密度均显著提升：长三角地区的铁路网络密度自2009年以来已超过了东北地区，并且两个地区之间的公路网络密度的差距自2006年以来也有所扩大。2020年，长三角地区的铁路网络密度和公路网密度均高于东北地区及全国平均水平，而2020年东北地区的公路网密度尚低于全国平均水平。长三角在国家交通网络中发挥了重要的作用，长三角地区较高的交通运输网络密度是与其快速发展的工业化和城市化进程相对应的。2020年，长三角地区凭借仅占全国5.5%左右的铁路运营里程和公路里程，完成了同年全国15%以上的客运总量和货运总量。与之相反，自1978年以来，东北地区在全国交通运输系统中的重要性几乎一直在下降。2020年，东北地区拥有全国13%的铁路运营里程和8%的公路里程，仅完成了全国客运总量的6.3%和全国货运总量的5.5%。

在对外贸易方面，长三角地区自1990年以来一直是中国对外贸易领域的领先区域之一，在进出口总额和外商直接投资方面一直处于全国领先地位，这在一定程度上是由于长三角地区的首位城市上海是全球城市，拥有具有国际竞争力的港口和机场，可以便捷地前往全球许多目的地。20世纪90年代浦东新区的设立和2013年9月29日成立的中国(上海)自由贸易试验区，使长三角地区始终位于中国改革开放的前沿，并使得长三角地区从我国对外贸易和投资的国家政策中受益匪浅。此外，长三角地区还是中国长江经济带建设的龙头，在铁路和公路交通运输网络之外，长江还为长三角地区提供了从上海到南京的内河航运，并有张家港、江阴、南京等数个大型内河港与内陆腹地相连，有助于在长三角地区形成多元化的区域交通运输系统。

与长三角地区相比，东北地区的区域经济增长主要由固定资产投资所驱动。2005—2015年，东北地区的固定资产投资占国内生产总值的比重一直高于全国平均水平，2016—2018年占比虽有所下降，但2019—2020年再次高于全国平均水平，除2019年之外，东北地区2006—2020年的固定资产投资占国内生产总值的比重一直保持在60%以上，2020年仍高达60.98%，这在某种程度上反映了东北地区的区域经济增长仍过度依赖于固定资产投资，而这将进一步导致该区域经济增长的不可持续。进一步考察按行业划分的固定资产投资来源，发现制造业和房地产业是东北地区和长三角地区固定资产投资的领先行业，这两个部门在上述两个地区的固定资产投资中所占的比例均超过50%，而制造业所占的比例又高于房地产业。2003—2020年，东北地区的制造业和房地产业两个行业对固定资产投资的年均贡献率为52.60%，全国为57.53%，而同期长三角地区上述两个行业的年均贡献率高达64.71%。需要指出的是，过度依赖制造业和房地产业可能意味着这两个地区的固定资产投资结构均不可持续，或将进一步导致这两个地区的增长方式都不可持续。

综上所述，本章基于官方统计数据，对东北地区和长三角地区的经济维度进行了定量的路径资产分析，并得出了以下结论：尽管长三角地区相较于东北地区而言，在区域经济发展方面具有更大的活力，但上述两个区域经济发展的可持续性仍有待进一步提高。接下来，本书将在第五章中继续对这两个区域进行路径资产分析，分析的重点将转移至社会文化维度。

第五章　路径资产分析Ⅱ：社会文化维度

伴随中国快速的工业化和城市化进程，出现了诸如城乡差距扩大、公共卫生基础设施和服务的不足、同一区域内部以及不同区域之间收入差距的扩大等问题，社会维度对于中国区域协调及可持续发展日益重要。文化一直是中国五千年丰富遗产的核心，并在增强地方吸引力和区域认同方面发挥了重要的作用。从这一意义上讲，文化有助于增加地区的旅游收入，进而可以增加旅游目的地当地居民的收入，并改善当地居民的生活水平。此外，文化和创造力可能成为创新的重要推动力和创业精神的来源，这在东北和长三角地区都得到了很好的体现。

本章主要基于官方统计数据，对1978—2020年间东北和长三角区域进行定量的社会文化维度的路径资产分析，以历年中国统计年鉴及各省（市）统计年鉴发布的官方统计数据作为主要的数据来源，东北和长三角区域的数据依据各省（市）统计数据计算得出。受制于统计数据的可获得性，本章中对社会文化维度的定量分析将依次分析人口、居民生活条件、公共卫生服务、教育、科学技术五个方面的指标。

第一节
人口

本节主要分析1978—2020年东北地区和长三角地区与人口相关的以下

第五章 路径资产分析Ⅱ：社会文化维度

指标：年末人口数与自然增长率、人口密度、自然增长以外的人口变化、平均预期寿命、城市化水平。

一、年末人口数与自然增长率

首先分析东北和长三角地区1978—2020年的年末人口数。1978—2020年，长三角地区的年末总人口数量整体上不断增长，2020年年末长三角地区人口数达到1亿7433万，比1978年年末增加了6 749万。东北地区年末人口数自2011年以来进入下降通道，2015年以来东北地区的年末人口数量快速下降，2015—2020年每年的降幅均超过100万人，2020年年末东北地区的年末人口数量比2014年末减少了近1 000万，但与1978年年末相比，东北地区2020年年末的人口数量依然增长了1 152万。自2000年以来，长三角地区的年末总人口数的增长速度要远远快于东北地区，并由此造成两个地区在总人口数量方面的差距不断扩大（图5.1a）。

接下来分析1978—2020年东北和长三角地区的人口自然增长率。整体上，2020年东北和长三角地区的人口自然增长率分别比1978年下降了14.2‰和7.3‰（图5.1b）。东北地区的自然增长率自1988年以来呈现下降趋势，而长三角地区的人口自然增长率在经历了1990—2003年期间的下降后，2003—2017年呈波动上升趋势，2018—2020年再次进入下降通道（图5.1b）。虽然1978—2001年长三角地区的人口自然增长率几乎一直低于东北地区，但2002—2020年长三角地区的人口自然增长率一直高于东北地区（图5.1b）。

二、人口密度

1978—2020年，长三角和全国的人口密度都有所提高，但东北地区2001—2020年的人口密度低于全国平均水平，且与全国平均人口密度之间的差距不断扩大（图5.2a），而长三角地区的人口密度一直高于全国平均水平，且长三角地区的人口密度增长远远快于全国平均水平，2020年长三角

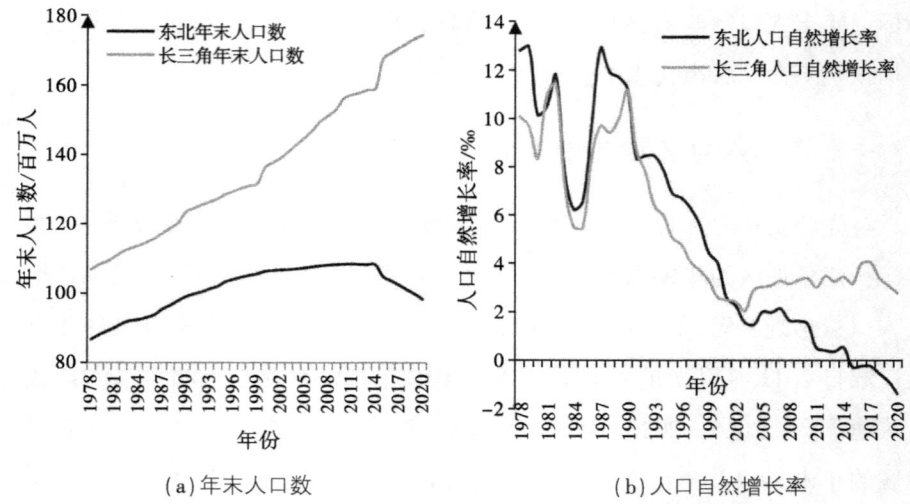

(a) 年末人口数 (b) 人口自然增长率

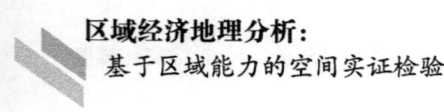

图 5.1 1978—2020 年东北和长三角地区的年末人口数与人口自然增长率

数据来源：同表 4.3。

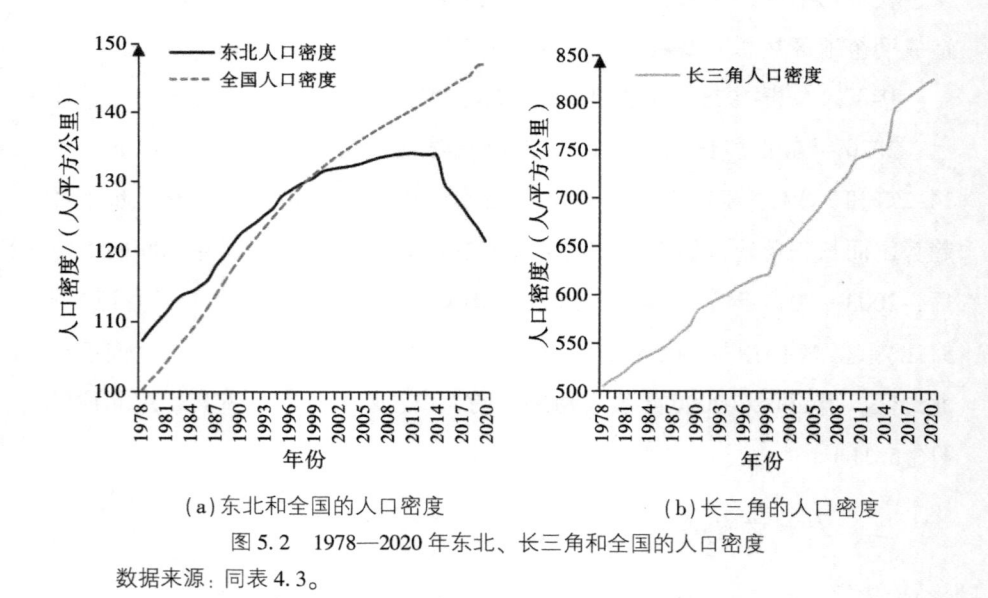

(a) 东北和全国的人口密度 (b) 长三角的人口密度

图 5.2 1978—2020 年东北、长三角和全国的人口密度

数据来源：同表 4.3。

地区的人口密度接近全国平均水平的 6 倍，而东北地区的人口密度还不及全国平均水平的 83%（图 5.2）。

图 5.2 中展示的 1978—2020 年东北和长三角地区人口密度的变化意味

第五章 路径资产分析Ⅱ：社会文化维度

着人们可能从其他地区迁移到了长三角地区，而原先居住在东北地区的部分人口可能已经迁移到了国内其他地区，这一趋势自2000年以来尤其明显。

三、自然增长以外的人口变化

自然增长以外的人口变化反映了与人口流动与移民相关的年度人口变化。1991—2020年，长三角地区除自然增长外的年人口变化呈正增长趋势，表明外来人口持续从其他地区迁移至长三角地区（图5.3）。2000—2020年，在人口自然增长之外，长三角年均人口变动增量均高于100万人，共实现2 240.07万人口增量，其中2019—2020年年均超过120万人，2020年的人口变动增量达到了126.13万人，为1978年以来的最高值，显示了长三角对我国人口流动的巨大吸引力（图5.3）。与之形成鲜明对比的是，东北地区在1978—2020年的43年中，有25年皆出现了自然增长以外的人口变化负增长，特别是2015年以来东北地区每年自然增长以外的人口变动大幅增加，2015—2020年东北地区自然增长以外的人口变动共计减少了近1000万人（962.62万人），说明在上述年份中人们很可能已经从东北地区迁移至其他地区，这也从一个侧面说明，与长三角地区相比，东北地区对流动人口的经济吸引力较弱（图5.3）。

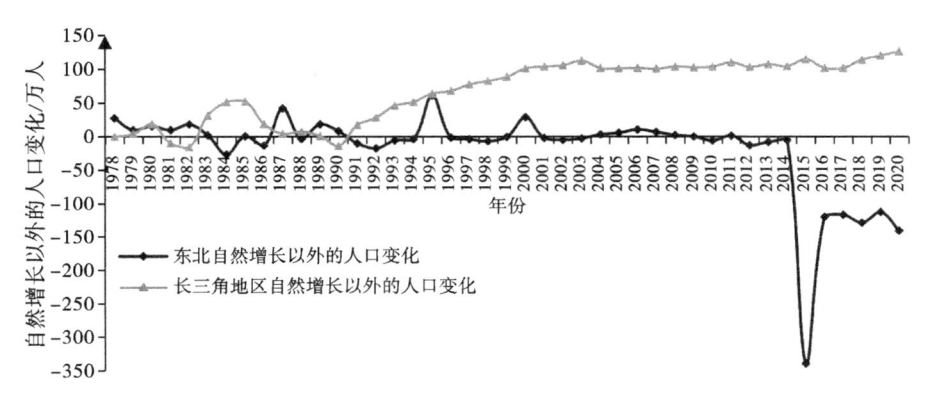

图5.3 1978—2020年东北和长三角地区自然增长以外的人口变化
数据来源：中华人民共和国国家统计局（2022）。

四、平均预期寿命

根据中华人民共和国国家统计局（2022）统计，平均预期寿命是根据1990年年末、2000年年末和2010年年末的全国人口普查数据计算得出的，因此只有1990年、2000年和2010年的平均预期寿命数据。

1990—2010年，东北、长三角和全国的平均预期寿命均有所增加。一方面，在1990年年底、2000年年底和2010年年底，东北和长三角的平均预期寿命均超过了全国平均水平，而长三角地区的预期寿命要长于东北地区（表5.1）。此外，1990—2010年，东北与长三角地区的平均预期寿命差距缩小了2.27岁（表5.1）。另一方面，在东北、长三角和全国，女性的平均预期寿命要长于男性。2010年年末，东北和长三角地区的男性与女性人均预期寿命均高于全国平均水平，而长三角地区的男性与女性人均预期寿命均高于东北地区（表5.2）。

表5.1 东北、长三角和全国人口平均预期寿命

年份	东北	长三角	全国	东北/全国	长三角/全国	长三角/东北
1990	68.38	72.68	68.55	-0.17	4.13	4.30
2000	72.94	75.58	71.4	1.54	4.18	2.65
2010	76.18	78.21	74.83	1.35	3.38	2.03

注：数据来自中华人民共和国国家统计局（2022）。

表5.2 2010年东北、长三角和全国人口平均预期寿命及性别差异

	东北	长三角	全国	东北/全国	长三角/全国	长三角/东北
平均预期寿命	76.18	78.21	74.83	1.35	3.38	2.03
男性	73.92	76.13	72.38	1.54	3.75	2.21
女性	78.70	80.49	77.37	1.33	3.12	1.78

注：数据来自中华人民共和国国家统计局（2022）。

五、城市化水平

城市化水平一般用城镇化率来表示，它是指城镇人口占城乡总人口的比重，反映了区域发展的城乡结构。这一部分内容旨在分析东北和长三角地区的城镇化率，通过与全国平均水平进行比较，反映1978—2020年间东北和长三角地区的人口城乡结构。全国的数据来源是中华人民共和国国家统计局(2022)。东北和长三角地区的数据依据各省统计年鉴的数据计算得出，其主要数据来源如下：各省统计年鉴提供了1978—2004年的分省统计数据，中华人民共和国国家统计局(2022)提供了2005—2020年的分省统计数据。

整体来看，1978—2020年，东北地区的城镇化率持续高于全国平均水平，长三角地区的城镇化率自2005年以来持续高于全国平均水平(图5.4)。2019年以来东北地区的城镇化率超过70%，2020年达到72.11%，高于长三角地区的68.96%以及全国的平均城镇化水平63.89%。2005—2014年是长三角地区城镇化水平快速提升的时期，2014年长三角地区城镇化水平达到68.81%，高于当年东北地区60.83%和全国50.77%的平均水平。

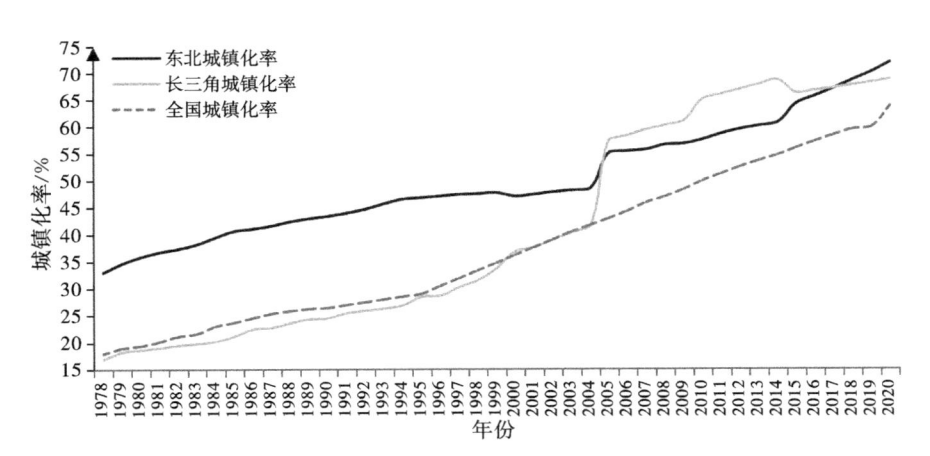

图5.4 1978—2020年东北、长三角和全国城镇化率

数据来源：中华人民共和国国家统计局（2022）及各年度分省统计年鉴。

需特别说明的是，东北和长三角地区 2005—2020 年的数据为采用国家新统计标准的省级城乡人口统计数据，1978—2004 年各省的城镇人口和乡村人口是根据户籍制度中的户籍类型——非农业户和农业户——作为城市和乡村人口的划分标准。事实上，自 1978 年改革开放以来，户口为农业户的人口实际上可能在城市工作和生活，尤其是长三角等东部沿海地区，但在旧的统计标准下，他们仍按农村人口计算，这可能会导致比实际水平偏低的城镇化率。因此，1978—2004 年期间长三角地区的实际城市化水平应该比图 5.4 中所示的还要高。

第二节
居民生活条件

这一节将从以下五个方面着手分析东北地区和长三角地区居民们的生活条件：平均工资；人均收入；居民人均消费；城乡消费差距和生活成本；人均存款。

一、职工平均工资

本书在此选取职工平均工资这一指标对东北地区和长三角地区的平均薪资水平进行分析。东北地区和长三角地区的数据依据省级数据计算得出，主要的数据来源为历年的各省统计年鉴中 1978—2020 年间的统计数据。全国的数据来源为中华人民共和国国家统计局(2022)。

东北地区、长三角地区和全国职工平均工资变化如图 5.5 所示，具有以下四个特点：第一，1978—2020 年，东北地区、长三角和全国职工平均工资均持续增长。第二，东北地区的职工平均工资，在 1978—1983 年期间高于全国平均水平(图 5.5a)，但 1984—2020 年东北地区的职工平均工资持续低于全国平均水平(图 5.5b，c)。1978 年东北地区的职工工资超过同期全国平均水平的 1.1 倍，也高于同期长三角地区的薪资水平，但自 1984

年以来均不及同期长三角及全国平均工资水平，1985年东北地区的职工工资相当于同年全国职工平均工资的95%，1995年和2015年降至同年全国职工平均工资的82%，2020年进一步降至同年全国职工平均工资的79%。第三，长三角地区的职工平均工资，在1978—1985年期间低于全国平均水平(图5.5a)，但1986—2020年(除1988年之外)一直高于全国平均水平(图5.5b，c)。第四，1984—2020年，长三角地区的平均工资持续高于东北地区，且两个地区间平均工资的差距不断扩大：在1985年，东北地区平均工资相当于长三角地区平均工资的97.45%；到1995年，这一比例降至69.28%；到2005年，进一步降至56.90%；随后有所回升，在2012年升

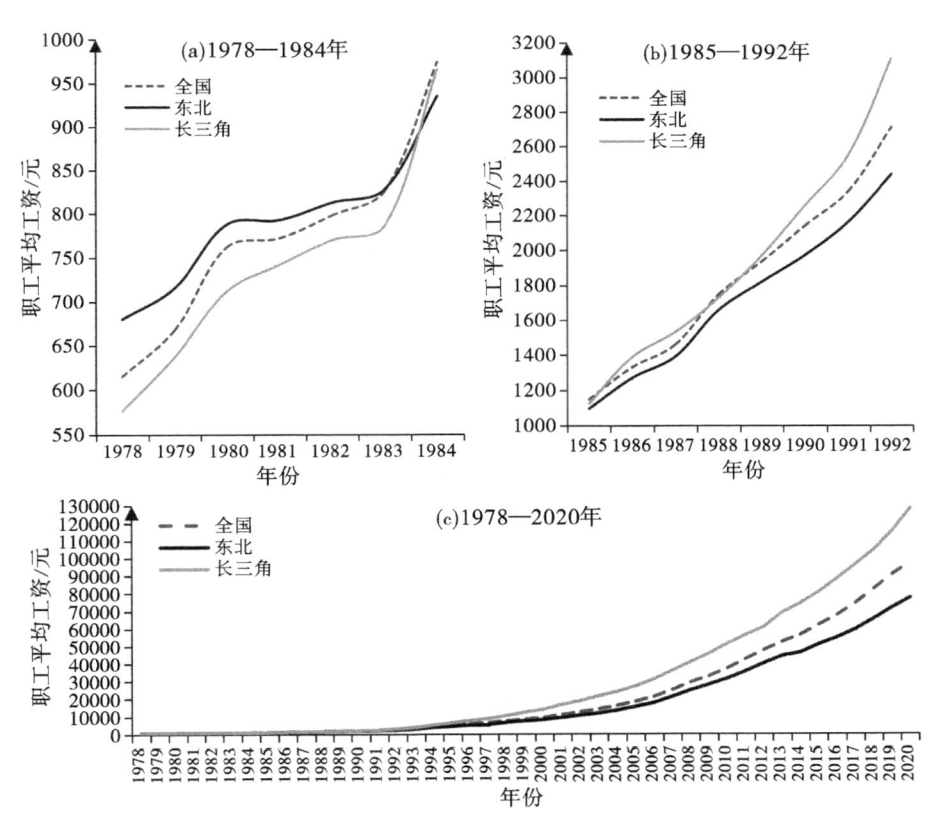

图5.5　1978—2020年东北、长三角和全国职工平均工资

数据来源：同图5.4。

至65.94%，2015年，回落至63.12%。2020年东北地区平均工资为77 340元，比全国平均水平(97379元)低20 039元，比长三角地区(128050元)低50 710元，2020年东北地区的平均工资大致相当于长三角地区平均工资的60%或者全国平均工资的79%。

以上分析表明，长三角地区的平均工资要高于东北地区和全国平均水平，使得长三角地区在薪资方面更具区域竞争力。1985—2020年东北地区的平均薪资水平不仅远远低于长三角地区，也低于全国平均薪资水平，且与长三角和全国平均薪资水平之间的差距呈扩大之势。

二、人均收入

选取农村居民人均可支配收入、城镇居民人均可支配收入和城乡居民人均可支配收入比三个指标，分析1978—2020年东北、长三角以及全国人均收入。主要的数据来源为中华人民共和国国家统计局(2022)和各年度的省级统计年鉴。

1978—2020年，东北、长三角和全国农村及城镇人均可支配收入几乎持续增长，特别是长三角地区自1980年以来的农村及城镇居民人均可支配收入一直领先于东北地区和全国平均水平(图5.6和图5.7)。东北地区的农村居民人均可支配收入与全国平均水平接近，但2016—2020年东北农村居民人均可支配收入低于全国平均水平(图5.6)。东北地区的城镇居民人均可支配收入则在1980—2020年持续低于全国平均水平(图5.7)。

与东北地区的收入水平形成鲜明对比的是长三角地区的人均收入水平相对较高。2020年，长三角地区的农村居民人均可支配收入为30 347元，高于17 132元的全国农村居民人均可支配收入平均水平，也高于16 562元的东北地区农村居民人均可支配收入水平，2020年长三角地区的农村居民人均可支配收入分别相当于全国农村居民人均可支配收入和东北农村居民人均可支配收入的1.77倍和1.83倍。2020年，长三角地区的城镇居民人均可支配收入为64 079元，全国城镇居民人均可支配收入为43 834元，东

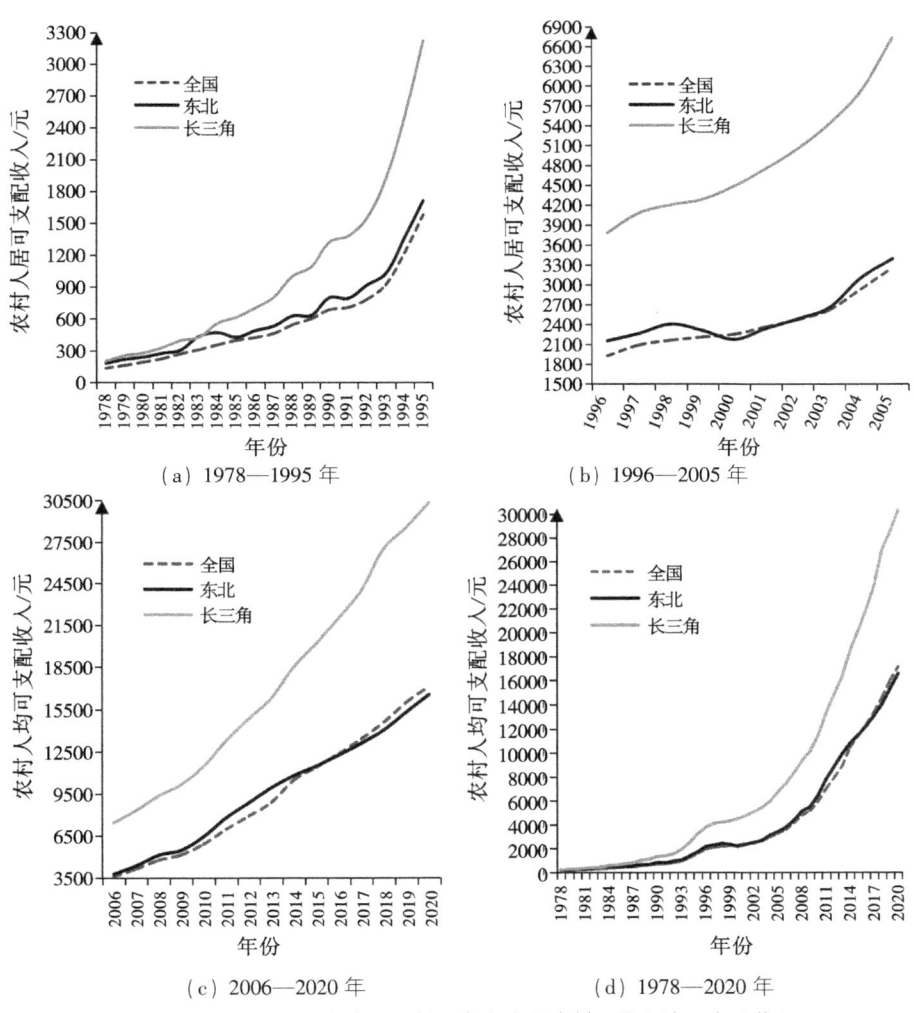

图 5.6 1978—2020 年东北、长三角和全国农村居民人均可支配收入

数据来源：同图 5.4。

北地区为 34 962 元，2020 年长三角地区的城镇居民人均可支配收入分别相当于全国和东北城镇居民人均可支配收入的 1.46 倍和 1.83 倍。可以说，相对较高的农村居民人均可支配收入和城镇居民人均可支配收入是长三角地区吸引其他区域的劳动力前往该地区工作和生活的积极方面。

图 5.6 和图 5.7 显示了东北、长三角和全国农村人均可支配收入与城

(a) 1978—1990 年

(b) 1978—2020 年

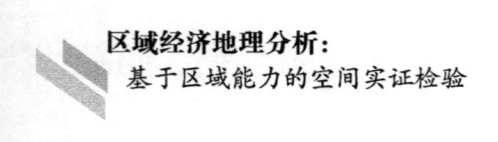

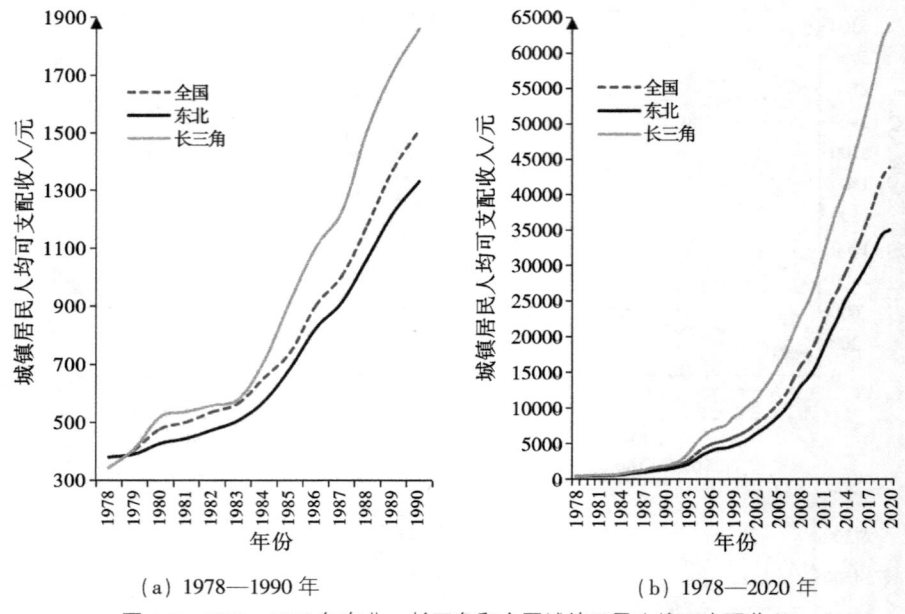

图 5.7　1978—2020 年东北、长三角和全国城镇居民人均可支配收入

数据来源：同图 5.4。

镇人均可支配收入之间的差距，使用城乡居民人均可支配收入比这一指标来分析 1978—2020 年东北、长三角和全国城乡居民收入差距（图 5.8）。

1978—2020 年东北、长三角和全国城乡居民人均可支配收入比的最低值出现在 1983—1984 年，其中和东北的最低值出现在 1983 年（全国 1.82，东北 1.17），长三角最低值出现于 1984 年（1.27），而后于 1990 年出现次低值（全国 2.20，东北 1.66，长三角 1.41），其余低值出现于 1997—1998 年（全国 1997 年 2.47，东北 1998 年 1.81，长三角 1997 年 1.76）（图 5.8）。2002—2012 年全国城乡居民人均可支配收入比超过 3，其中 2007—2009 年超过 3.3，最高值出现在 2009 年（3.33）。东北地区的城乡居民人均可支配收入比在 2002—2009 年超过 2.5，最高值出现在 2003 年（2.62）。长三角地区的城乡居民人均可支配收入比在 2007—2009 年超过 2.4，最高值出现在 2009 年（2.43）。

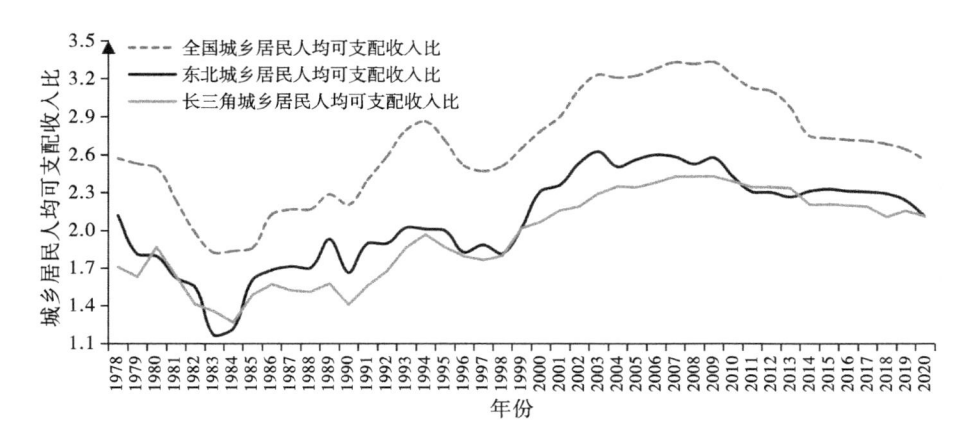

图 5.8　1978—2020 年东北、长三角和全国城乡居民人均可支配收入比
数据来源：同图 5.4。

1978—2020 年，长三角和东北地区的城乡居民人均可支配收入比均低于全国平均水平，城乡差距较小。其中，整体而言，长三角地区的城乡居民人均可支配收入比低于东北地区和全国平均水平，表明长三角城乡收入差距小于东北及全国平均水平。

在上述代表人均收入水平及城乡居民收入差距的指标之外，人均消费水平和人均生活成本也是衡量居民生活条件的重要方面，接下来我们将逐一分析。

三、居民人均消费

这一部分着重分析 1978—2020 年东北、长三角和全国居民人均消费水平，所有统计数据均按现价计算，东北地区和长三角地区的数据根据省级数据计算得出。1993—2020 年的数据来源为中华人民共和国国家统计局（2022），1978—1992 年间的省级数据来自各年度的省统计年鉴。

图 5.9 显示了 1978—2020 年东北、长三角和全国居民人均消费水平。由于东北地区与全国居民人均消费水平的差距较小，将 1978—2020 年进一步划分为（a）1978—1990 年、（b）1991—2000 年、（c）2001—2010 年、（d）

2011—2020 年四个时期，并汇总为(e) 1978—2020 年后，分别显示在图 5.9 中，以便于比较(图 5.9)。结果显示，与全国平均水平相比，1978—2020 年长三角地区的居民人均消费一直高于全国平均水平(图 5.9a，图 5.9b，图 5.9e)，而东北地区 2000—2020 年保持接近、但却始终低于全国平均水平(图 5.9c，图 5.9d)。1985—2020 年，长三角地区的居民人均消费水平始终高于东北地区，且两个地区之间的差距不断扩大(图 5.9a，图 5.9b，图 5.9e)。

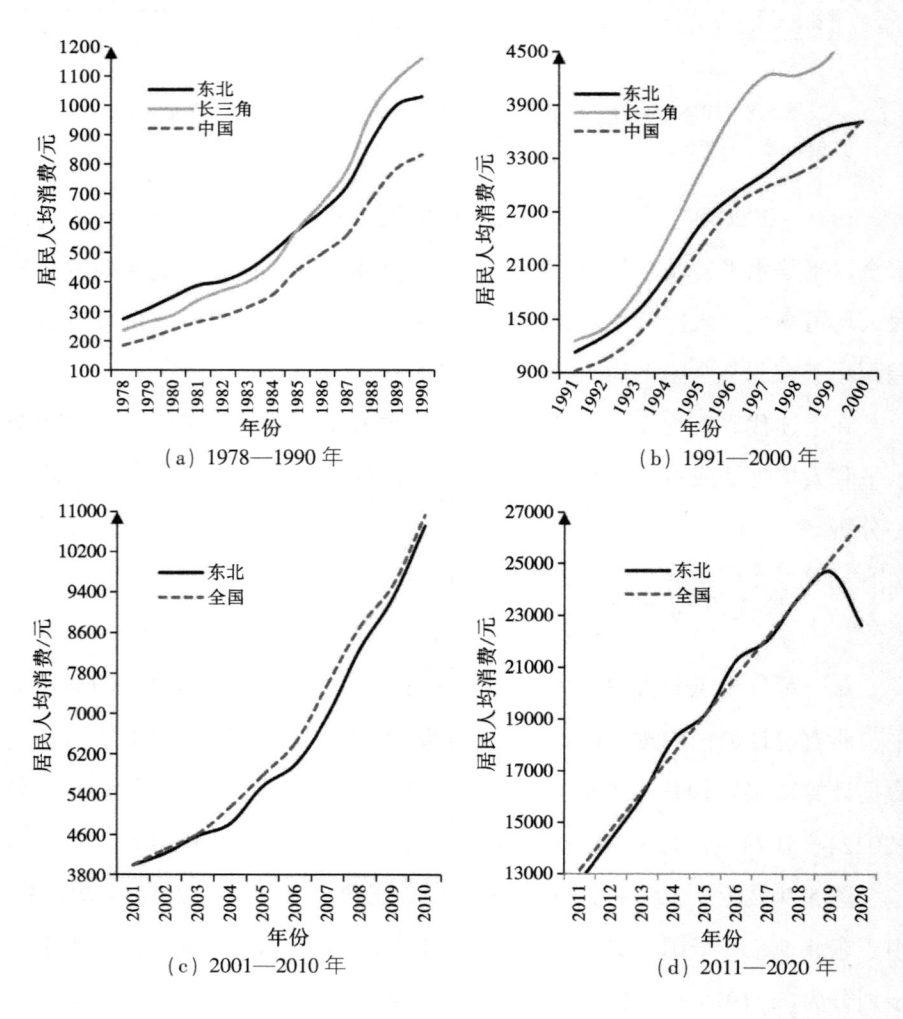

(a) 1978—1990 年

(b) 1991—2000 年

(c) 2001—2010 年

(d) 2011—2020 年

(e) 1978—2020 年

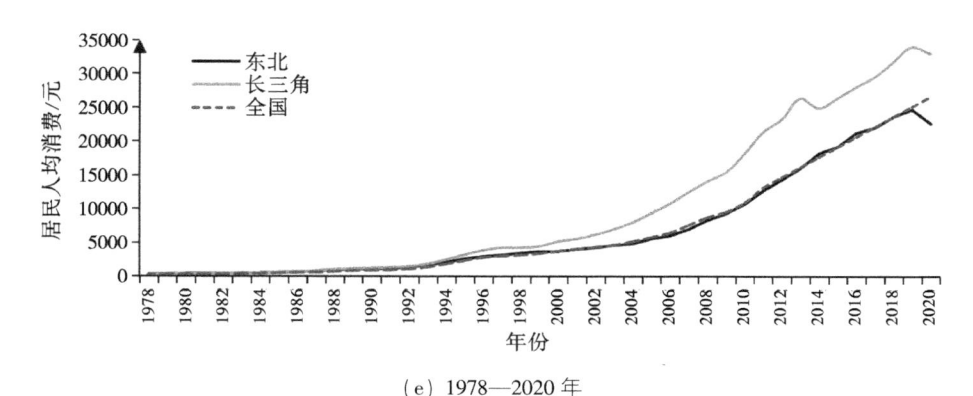

图 5.9　1978—2020 年东北、长三角和全国居民人均消费水平

数据来源：同图 5.4。

与长三角地区相比，东北地区的居民人均消费水平相对较低，这也与上文中分析的东北地区的城乡居民人均收入相对较低以及平均工资较低相一致。在分析居民人均消费水平的基础上，本书接下来的内容将聚焦于居民消费结构分析，重点分析东北和长三角地区的城乡消费差距和平均生活成本。

四、城乡消费差距和平均生活成本

除上文中对居民人均消费的分析外，这一部分内容主要从城乡消费差距和平均生活成本两个方面分析区域消费结构，选取 2020 年东北、长三角和全国的城乡居民消费及平均生活成本数据进行分析，并以 2014 年作为参考进行比较，数据来源如下：中华人民共和国国家统计局（2021）和《中国统计年鉴（2015）》提供了国家数据，区域数据由各省统计年鉴数据计算得出。主要分析结果如下：

东北地区 2014 年和 2020 年的人均生活成本和城镇居民人均消费均低于全国平均水平，该地区的农村居民人均消费在 2014 年高于全国平均水平，但在 2020 年低于全国平均水平（表 5.3）。2020 年，东北地区的农村居民人均消费支出、城镇居民人均消费支出以及人均生活成本分别比全国平均水平低1 535元、4 717元和4 484元，表明东北地区的人均消费水平、城乡消费差距和生活成本相对较低（表5.3），这与本节前面分析过的该地区较低的职工平均工资、较低的人均收入和较低的居民人均消费水平是一致的。

表5.3 2014年及2020年东北、长三角和全国的人均生活成本

各项生活成本（单位：元）	2014年 东北	2014年 长三角	2014年 全国	2020年 东北	2020年 长三角	2020年 全国
城乡居民消费差异						
农村居民人均消费支出	9 573	17 841	8 744	12 178	23 480	13 713
城镇居民人均消费支出	22 905	35 698	25 449	22 290	46 260	27 007
人均生活成本	14 153	22 460	14 491	16 726	33 381	21 210
食品、烟酒	3 943	6 452	4 494	5 252	9 813	6 397
服装	1 351	1 490	1 099	1 386	1 972	1 238
住房	2 942	5 646	3 201	3 791	10 813	5 215
家用商品和服务	775	1 176	890	1 038	2 020	1 260
交通和通讯	1 745	3 258	1 869	2 258	4 594	2 762
教育、文化和娱乐	1 614	2 378	1 536	2 080	3 204	2 032
保健和医疗服务	1 373	1 477	1 045	2 051	2 430	1 843
其他商品和服务	411	583	358	453	844	462

注：数据来自中华人民共和国国家统计局（2021），《中国统计年鉴（2015）》，区域数据由各省统计年鉴数据计算得出。

长三角地区2014年和2020年的城乡居民人均消费及生活成本均高于全国平均水平，且城乡消费差距较大（表5.3）。与东北地区和全国平均水平相比，2020年长三角的农村和城镇居民人均消费支出均超过全国平均水平的1.7倍，人均生活成本是全国平均水平的1.6倍，长三角地区2020年城乡居民人均消费支出及生活成本均相当于东北地区的2倍（表5.3），表明长三角地区城乡居民的消费水平和生活水平相对较高。

从人均生活成本的区域消费结构来看，2014年和2020年长三角地区

的各类日常生活成本均远高于全国平均水平和东北地区，而东北地区食品、住房、家用商品和服务、交通和通讯的开销均低于全国平均水平，但服装以及教育、文化和娱乐支出高于全国平均水平(表5.3)。其中，住房是东北、长三角和全国居民占比最大的生活成本支出，且2020年相较于2014年住房成本均有所提升，2020年住房支出在东北、长三角和全国人均生活成本支出中所占的比例分别为22.67%、32.39%和24.59%，比2014年分别提升了1.88个百分点、7.25个百分点和2.50个百分点。

五、人均存款

通过分析1978—2020年东北、长三角和全国城乡住户人均存款余额，反映改革开放以来东北和长三角地区在除平均工资、收入、消费和生活成本以外的区域生活水平的差异。主要数据来源包括中华人民共和国国家统计局(2021，2022)，1978—2020年东北、长三角的地区数据依据各年度省统计年鉴中的省级数据计算得出。

一方面，1978—2020年东北和长三角地区的城乡住户人均存款余额均持续增长，并高于全国平均水平。区域差异方面，1981—1993年东北地区的城乡住户人均存款余额高于长三角地区，1994—2020年长三角地区的城乡住户人均存款余额一直高于东北地区(图5.10)。2020年，东北地区的城乡住户人均存款余额为70 939.51元，比全国平均水平高8 763.49元，相当于全国人均存款的114.09%，同年长三角地区的城乡住户人均存款余额达到95 018.36元，相当于全国人均存款的152.82%(图5.10)。

另一方面，东北和长三角地区的城乡住户存款余额占全国的百分比变化趋势不同。东北地区的城乡住户存款余额占全国的比重在1978—1988年保持相对稳定，约占全国的13%左右，1985年占全国的13.26%。然而，1988—2018年东北地区的城乡住户存款余额占全国的比重持续下降，1995年降至11.72%，2005年降至9.80%，2015年降至8.51%，2018年进一步降至8%以下(7.35%)。2019—2020年虽有所回升，但2020年也仅占全国

区域经济地理分析：
基于区域能力的空间实证检验

(a) 1978—1990 年

(b) 1991—2000 年

(c) 1978—2020 年

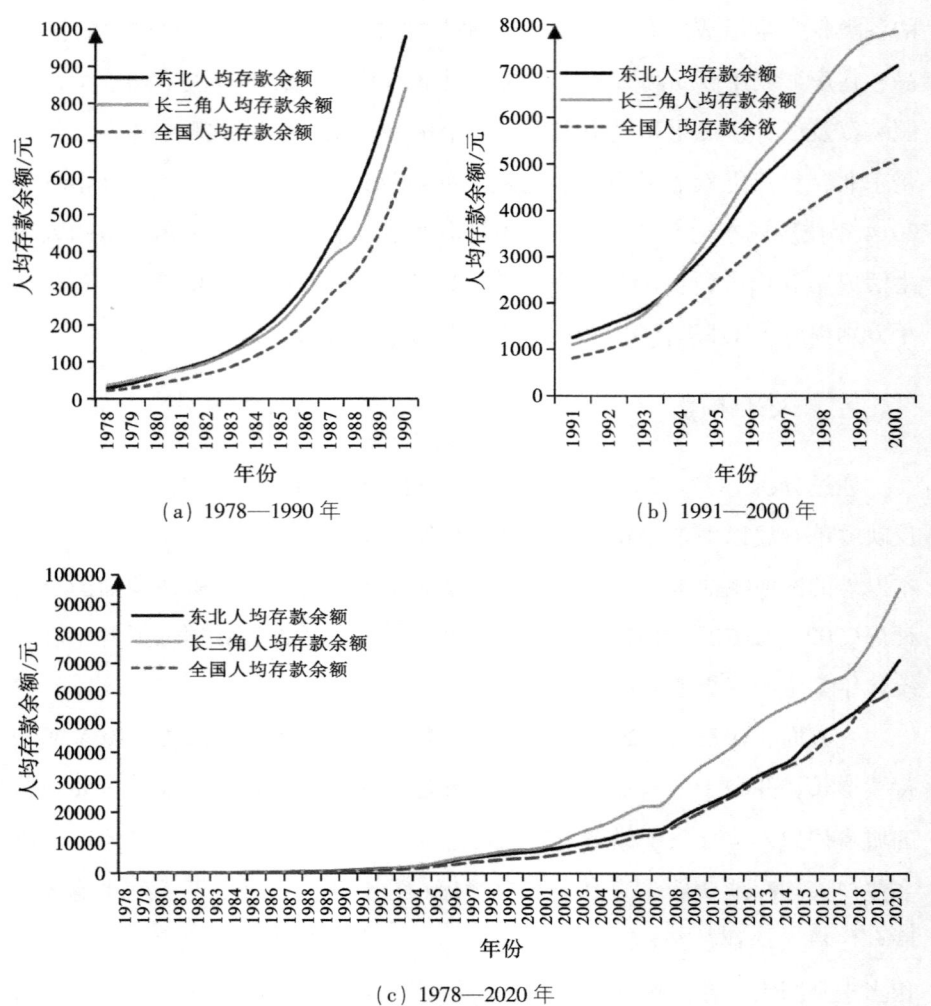

图 5.10　1978—2020 年东北、长三角和全国人均存款余额

数据来源：中华人民共和国国家统计局（2021，2022）及历年省统计年鉴。

的 7.94%，仍低于 8%（图 5.11）。长三角地区的城乡居民储蓄存款余额占全国的比重与东北地区大致相反，1979—1988 年处于下降通道，1988—2009 年波动上升，1985 年为 14.62%，1995 年为 15.83%，2005 年为 19.68%，2009 年达到 20.04%，2010—2018 年再次下降，其后于 2019—2020 年再次回升，2015 年为 18.57%，2020 年缓慢回升至 18.87%，但仍低于 19%（图 5.11）。

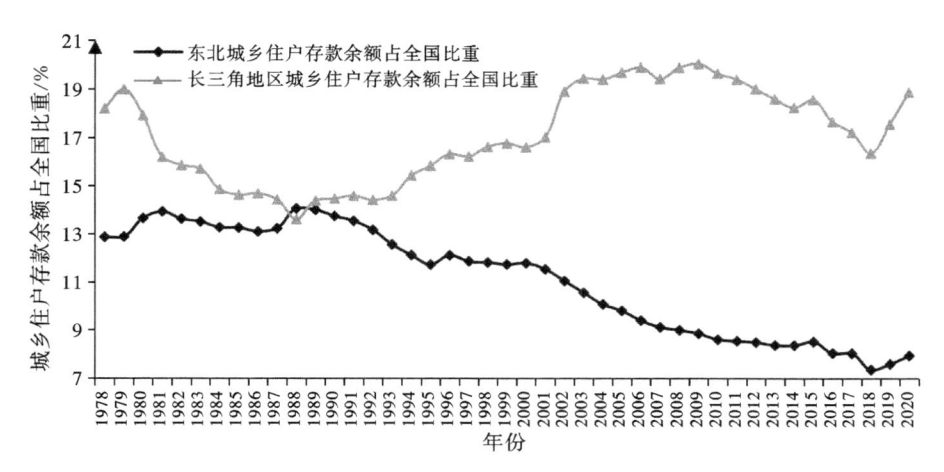

图 5.11　1978—2020 年东北和长三角地区城乡住户存款余额占全国的比重
数据来源：同图 5.4。

第三节
公共卫生服务

本节着重分析 1978—2020 年东北和长三角地区公共卫生服务的四个指标：一是医师数；二是每万人拥有执业(助理)医师数；三是医疗卫生机构床位数；四是每万人医疗机构床位数。东北地区和长三角地区的数据依据中华人民共和国国家统计局(2022)及历年的省统计年鉴数据计算得出。

一、医师数

1978 年以来，东北地区和长三角地区的医师总数均实现了持续增长，且在 1978—2002 年间两个区域间医师数差距不大，但自 2002—2020 年，长三角地区的执业(助理)医师数远高于东北地区(图 5.12)。需说明的是，国家公共卫生服务统计标准在 2002 年进行了调整，在 2002 年之后，医师数为"执业(助理)医师数"，执业(助理)医师数=执业医师数+执业助理医师数，而1978—2002年的医师数仍为医师总数，即1978—2002年的医师数相较于"执业（助理）医师数"偏高，受上述统计标准调整的影响，在图5.12和图5.13中，2002年统计数据相较往年均呈现急剧下降。

二、每万人执业（助理）医师数

1978—2020年，东北和长三角地区每万人拥有的执业（助理）医师数的地区间差距相对稳定。然而，2002—2020年长三角地区每万人拥有的执业（助理）医师数的增长速度远高于东北地区。更重要的是，2013—2020年长三角地区每万人拥有的执业（助理）医师数超过了东北地区（图5.13）。此外，东北地区和长三角地区每万人拥有的执业（助理）医师数自1978年以来均一直高于全国平均水平（图5.13）。

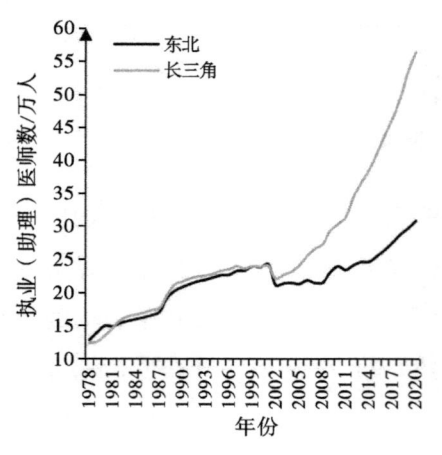

图5.12 1978—2020年东北和长三角地区的医师数
数据来源：同图5.4。

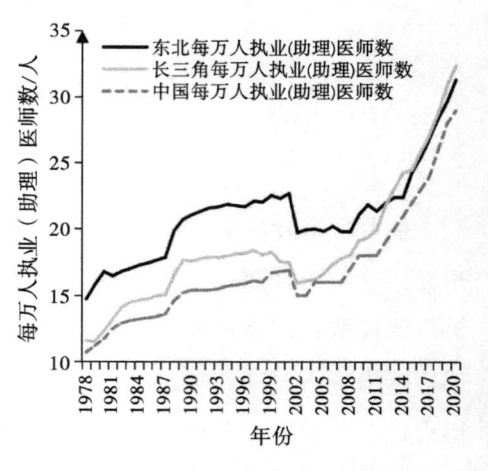

图5.13 1978—2020年东北、长三角和全国每万人执业（助理）医师数

三、医疗卫生机构床位数

1978—2001年，东北地区的医疗卫生机构床位总数领先于长三角地区。然而，自2002年起长三角地区便处于领先地位，并且长三角地区的医

疗卫生机构床位总数以更快的速度保持领先于东北地区的这一态势(图5.14)。

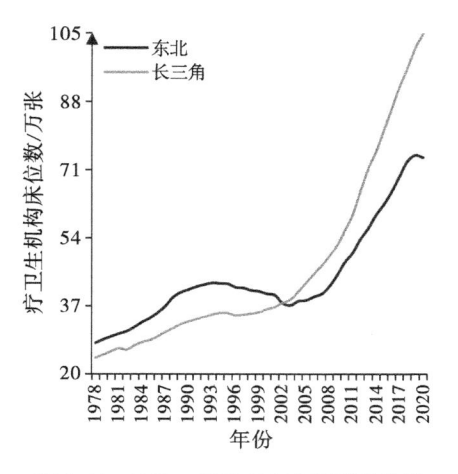

图 5.14　1978—2020 年东北和长三角地区的医疗卫生机构床位数
数据来源：同图 5.4。

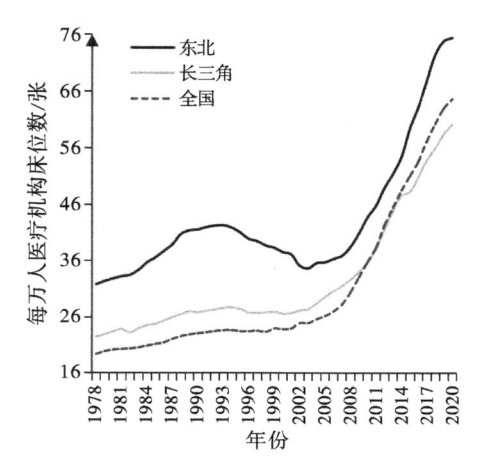

图 5.15　1978—2020 年东北、长三角和全国每万人医疗机构床位数

四、每万人医疗机构床位数

从每万人医疗机构床位数来看，东北地区在 1978—2020 年一直领先于长三角地区和全国平均水平(图 5.15)。长三角地区虽然在 1978—2009 年每万人医疗机构床位数高于全国平均水平，但 2010—2020 年长三角地区的每万人医疗机构床位数指标一直低于全国平均水平，二者间的最大差距为 2019 年的每万人 4.55 张床位，2020 年长三角地区与全国平均水平之间仍存在每万人 4.46 张医疗机构床位的短缺(图 5.15)，反映了长三角地区在人口净流入的同时也需要同步提升区域公共医疗卫生保障能力。相比之下，东北地区每万人医疗机构床位数一直高于全国平均水平，2020 年东北地区每万人医疗机构床位数比全国平均水平多 10.81 张床位，表明东北地区虽然人口净流出，但医疗卫生设施供给较为宽裕，高于全国平均水平。

第四节
教育

本节关注 1978—2020 年东北和长三角地区教育事业，分析初等教育、中等教育和高等教育的发展，并与全国平均水平进行比较。定量分析的主要数据来源是中华人民共和国国家统计局（2022），东北和长三角地区的数据由省级数据计算得出。

一、初等教育

选取每万人口小学平均在校生数和小学生师比两个指标，分析 1978—2020 年东北和长三角地区的初等教育发展，结果如下：1978—2020 年长三角每万人口小学平均在校生数的变化基本与全国同步但持续低于全国平均水平，而东北地区 1978—2020 年每万人口小学平均在校生数几乎持续下降，且 1992—2020 年低于全国平均水平（图 5.16a）。对小学生师比（教师人数 =1）的分析表明，1978—2020 年东北和长三角地区的小学生师比整体

(a) 每万人口小学平均在校生数

(b) 小学生师比 (教师人数 =1)

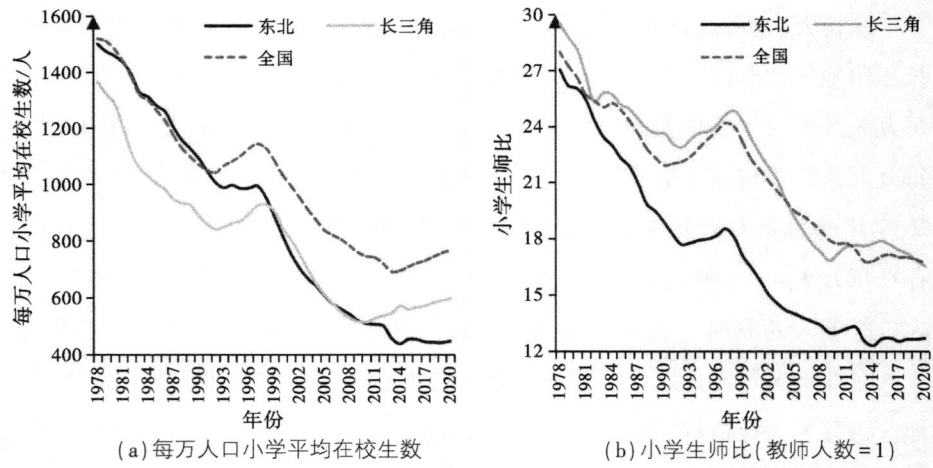

图 5.16　1978—2020 年东北、长三角和全国每万人口小学平均在校生数和小学生师比

数据来源：中华人民共和国国家统计局（2022）。

呈下降趋势，结果与图5.16a中的每万人口小学平均在校生数指标变化基本同步，东北地区的小学生师比持续低于全国平均水平，而长三角地区的该指标与全国平均水平接近(图5.16b)。以上分析表明，相较于长三角及全国平均水平，东北地区的初等教育资源较为充沛。

二、中等教育

选取每万人口中学平均在校生数和中学生师比两个指标，分析1978—2020年东北和长三角地区的中等教育发展，结果如下：1978—2020年，东北地区的每万人口中学平均在校生数整体上高于长三角地区(图5.17a)。东北地区每万人口中学平均在校生数在1993—2020年持续低于全国平均水平，长三角地区则在1986—2020年持续低于全国平均水平，且在2006—2020年低于东北地区每万人口中学平均在校生数(图5.17a)。2020年长三角地区每万人口中学平均在校生数仅389人，不仅大幅低于646人的全国平均水平，也低于414人的东北地区平均数(图5.17a)。对中学生师比(教师人数=1)的分析表明，1978—2020年东北和长三角地区的中学生师比整体呈下降趋势，结果与图5.17a中的每万人口中学平均在校生数指标变化

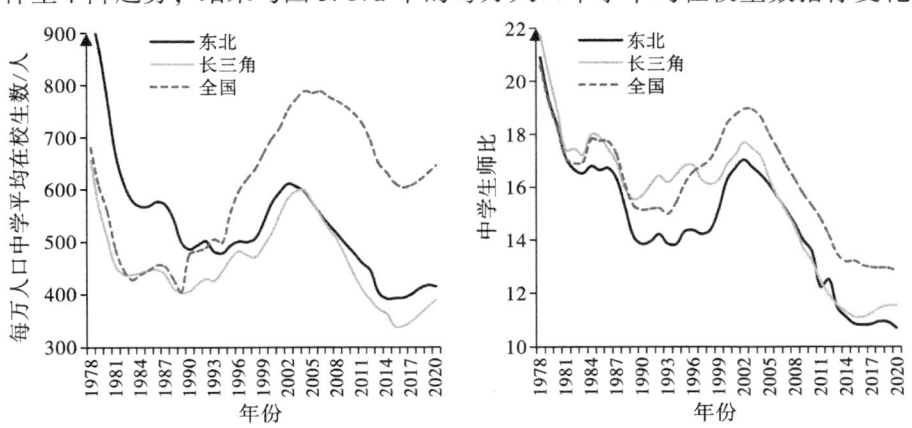

(a) 每万人口中学平均在校生数　　　　(b) 中学生师比(教师人数=1)

图5.17　1978—2020年东北、长三角和全国每万人口中学平均在校生数和中学生师比
数据来源：中华人民共和国国家统计局(2022)。

基本同步，1982—2020年东北地区的中学生师比持续低于全国平均水平，1997—2020年长三角地区的中学生师比也低于全国平均水平，而2013—2020年东北地区的中学生师比又低于长三角地区(图5.17b)。以上分析表明，相较于全国平均水平，东北和长三角地区的中等教育资源均较为充沛，且2013—2020年东北地区的中学教育资源比长三角地区更易获得。

三、高等教育

1978—1989年东北和长三角地区每万人口高等学校平均在校生数均高于全国平均水平(图5.18a)，1990—2020年东北和长三角每万人口高等学校平均在校生数和普通高校生师比(教师人数=1)均低于全国均值(图5.18)，其中，长三角每万人口高等学校平均在校生数低于东北地区(图5.18a)，2015—2020年东北地区普通高校生师比低于长三角(图5.18b)。2020年东北和长三角地区的普通高校生师比分别比18的全国平均水平低3，而东北地区又比长三角高0.22(图5.18)。

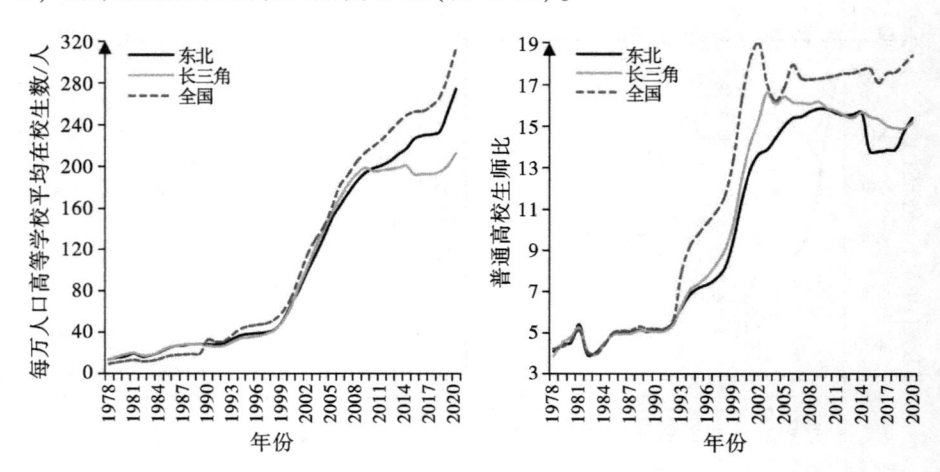

(a) 每万人口高等学校平均在校生数　　　　(b) 普通高校生师比(教师人数=1)

图5.18　1978—2020年东北、长三角和全国每万人口高等学校平均在校生数和普通高校生师比
数据来源：中华人民共和国国家统计局(2022)。

此外，从高等教育机构的数量看，长三角地区的高等教育机构数量超过了东北地区，2020年，全国约27%的本科院校位于长三角地区、约20%位于东北地区，其中，中央部委下属的普通高校中，约18%位于长三角地区、仅8%位于东北地区，显示了长三角地区拥有更多的优质高等教育资源(表5.4)。

表5.4 2020年东北、长三角和全国普通高等教育机构数

单位：所	东北	长三角	全国	东北/全国(%)	长三角/全国(%)
普通高校数合计	387	521	2 738	14.13	19.03
本科院校	258	339	1 270	20.31	26.69
中央部委下属的普通高校	10	21	118	8.47	17.79
高职(专科)院校	119	161	1 468	8.11	10.97

注：数据来自中华人民共和国教育部(2021)。

第五节
科学技术：研发经费支出

本节将通过研发经费支出总额以及研发经费支出占国内生产总值的比重这两个指标，分析东北和长三角地区的科学技术发展情况。由于相关指标在1995年之前无相关统计数据，因此这部分内容主要基于1995—2020年的官方统计数据展开分析。国家数据来源为中华人民共和国国家统计局(2022)，东北和长三角地区的数据由历年各省统计数据计算得出，主要的数据来源为1996—2021年各省统计年鉴。

1995—2020年，长三角地区在研发支出方面一直领先于东北地区，这也表明长三角地区对科技发展的重视程度要高于东北地区，但考察研发经费支出占国内生产总值的比重这一指标，发现长三角地区2015—2020年研发经费支出占国内生产总值的比重低于全国平均水平，而东北地区则始终低于全国平均水平(表5.5)。

表 5.5　东北、长三角和全国的研发经费支出及其在国内生产总值中所占的比重

年份	研发经费支出（亿元）		研发经费支出占国内生产总值的比重		
	东北	长三角	东北	长三角	全国
1995	24.19	58.70	0.41%	0.52%	0.57%
2005	213.50	647.36	1.25%	1.58%	1.32%
2015	662.47	2 812.41	1.58%	1.99%	2.06%
2020	881.66	4 864.52	1.73%	2.36%	2.41%

注：数据来源同表 4.3。

整体上，1995—2020 年东北和长三角地区的研发经费支出呈增长趋势，长三角地区的研发经费支出金额始终领先于东北地区，且二者在这一指标上的区域间差距不断扩大（图 5.19a）。从研发经费支出占国内生产总值的比重来看，除 2002 年之外，1995—2020 年长三角地区研发经费支出占国内生产总值的比重一直高于东北地区，且 1998—2014 年也高于全国平均水平，而东北地区这一指标除 2002—2007 年外一直低于全国平均水平，并且 2008—2020 年东北地区与全国平均水平及长三角区域之间的差距明显扩大（图 5.19b）。

(a) 研发经费支出　　　　　　(b) 研发经费支出占国内生产总值的比重

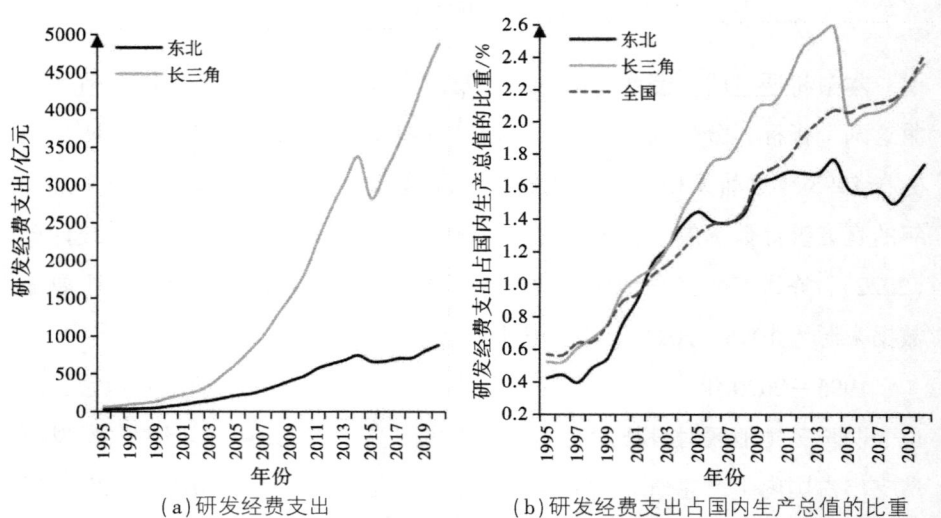

图 5.19　1995—2020 年东北、长三角和全国研发经费支出及其占国内生产总值的比重
数据来源：同表 4.3。

第五章 路径资产分析Ⅱ：社会文化维度

第六节
小结

1978—2020 年，长三角地区在人均预期寿命（见本章第一节标题四）、职工平均工资（见本章第二节标题一）、人均年收入（见本章第二节标题二）、居民人均消费（见本章第二节标题三）、人均储蓄存款（见本章第二节标题五）、研发经费支出（见本章第五节）方面几乎都领先东北地区。公共卫生服务方面，东北和长三角地区的每万人执业（助理）医师数均高于全国平均水平，而长三角地区的执业（助理）医师数量又超过东北地区（见本章第三节标题二），东北地区的医疗卫生设施供给较为充足，高于长三角和全国平均水平（见本章第三节标题四）。在教育资源供给与质量方面，东北地区的初等、中等教育资源较为充沛，而长三角地区的优质高等教育资源领先东北地区（见本章第四节）。

长三角地区作为一个在居民生活条件（见本章第二节）方面具有各种优势的地区，自 1991 年以来，对迁移人口表现出显著的吸引力（见本章第一节标题三），这可能有助于解释为什么在公共卫生服务方面，长三角地区在执业（助理）医师的绝对数量、每万人执业（助理）医师数以及医疗卫生机构床位数方面领先于东北地区，而东北地区每万人拥有的医疗卫生机构床位数却均比长三角地区多（见本章第三节）。

此外，伴随长三角地区较高的人口密度（见本章第一节标题二）和城市化水平（见本章第一节标题五），长三角地区包含日常生活各种消费在内的人均生活成本（见本章第二节标题四）远高于全国平均水平和东北地区，而东北地区的人均消费水平、城乡消费差距和生活成本相对较低，这与通过本章第二节中的分析发现东北地区较低的职工平均工资（见本章第二节标题一）、较低的人均收入（见本章第二节标题二）和较低的居民人均消费水平（见本章第二节标题三）相一致。东北地区的平均生活成本相对较低，特别是食品、住房、家用商品和服务、交通和通讯的开销均低于全国平均水平(见本章第二节标题四中的表 5.3)。住房是东北、长三角和全国居民最大的生活成本支出,且 2020 年住房成本有所提升(见本章第二节标题四)。

从人口流动来看,2000—2020 年长三角地区除自然增长外的人口变动增量共计 2 240.07 万人,平均每年的人口增量超过 100 万人,仅 2020 年长三角地区除自然增长外的人口变动增量就超过 126 万人,显示了长三角地区对人口流动的吸引力。人们自愿迁移至长三角地区工作生活的原因有很多,例如,更高的平均工资和收入,更高的生活水平,便捷的信息交换与共享网络,在创意和创新方面的国内领先地位,当地政府的服务能力,便利的区域交通系统,更多接受良好教育,尤其是优质高等教育的机会,与全国 27%的本科院校、18%的中央部委下属普通高校为邻(见本章第四节标题三中的表 5.4)。与之形成鲜明对比的是,2015—2020 年东北地区自然增长以外的人口变动共计减少了近 1 000 万人,表明与长三角地区相比,东北地区对流动人口的吸引力较弱(图 5.3)。较低的自然增长率(见本章第一节标题一)可能成为东北地区可持续发展的挑战,特别是同时考虑到自然增长以外的人口增长情况(见本章第一节标题三)。东北地区已成为人口持续净流出的区域,人口持续外迁给东北地区发展带来了技术工人和专业人才短缺等社会问题。

本章基于官方统计数据的量化路径资产分析表明,长三角地区在区域社会文化发展方面比东北地区更具活力,这也反映了长三角地区文化的多样性,增强了长三角地区对人口迁移的吸引力,进而促进了长三角地区的区域发展。接下来的第六章将从环境维度继续分析东北和长三角区域。

第六章　路径资产分析Ⅲ：环境维度

鉴于区域发展过程中存在路径依赖和锁定，人类与环境关系的历史变化可能对环境维度产生长期影响。本章将1978—2020年中国人与环境关系的历史变迁及其对东北、长三角和中国环境退化的影响相互关联。在这一意图下，本章按以下顺序进行组织：首先，介绍了中国的环境污染与环境治理（第一节）。接着，提供了有关东北地区（第二节）和长三角地区（第三节）在地理位置和气候、生物群落和生态系统、土壤和农业条件、资源利用四个方面的环境基础。在此基础上，基于官方统计数据，对东北地区和长三角地区1978—2020年的环境路径资产进行定量分析（第四节）。最后，在本章结尾（第五节）得出结论。

第一节
中国的环境污染与环境治理

本节作为东北和长三角环境路径资产分析的背景，主要分为以下三部分：中国的环境退化和污染状况；中国环境退化和污染的经济社会成本；中国的环境治理。

一、中国的环境退化和污染状况

1978—2008年，改革开放后的中国经济实现了快速增长，快速的工业化和城市化进程持续造成环境压力,尽管新的环保技术、清洁生产、单位生产总值排放量的降低以及一些重污染工厂的关闭均提高了资源利用效率,但环境退化和污染的增长速度甚至更快了(Mol 和 Carter,2006)。中国约 75% 的湖泊被污染(Liu 和 Diamond,2005),约 40% 的土地面积遭受酸雨(Chen et al.,2021a),19% 的土地面积遭受水土流失(Liu 和 Diamond,2005),27% 的土地面积遭受荒漠化(Kong et al.,2021)。人类活动也使得沙尘暴、山体滑坡、干旱和洪水等自然灾害更加频繁,自 20 世纪 90 年代以来,中国遭受了各种环境污染事故和灾难,包括 1998 年的洪水、2005 年的吉林化工厂爆炸、2007 年因周围工厂污染而造成的太湖大面积水华和 $PM_{2.5}$ 空气污染。2006—2018 年,全国的突发水污染事件呈上升趋势,长江和珠江流域占事故总数的一半以上(Xu et al.,2021a)。

环境灾害和灾难可以提高社会的敏感度,并促使决策者采取应对气候变化的行动,做出在其他情况下难以做出的政治决策(Richerzhagen 和 Scholz,2007)。不断增加的环境污染事故以及环境灾难让中国政府意识到,出于经济原因而短期考虑和接受环境退化是不可持续的,不能长期维持中国的增长。自 1998 年洪水以来,中国更加重视环境政策并加强环境制度。2000—2020 年,中国为应对环境退化做出了许多努力,力求在寻求经济持续增长的同时减少环境退化,并确保所有人的社会福祉(Agarwala,2021)。过度的土地开发被认为是空气污染的罪魁祸首,而基于环境绩效的问责制及环境干预计划能够减少污染(Yan et al.,2021)。

二、中国环境退化和污染的经济社会成本

中国的环境退化已导致经济社会成本的飙升。2004—2017 年,中国环境恶化成本从 5 110 亿元增加到 1.89 亿元,占国内生产总值的比重从 3.05% 下降到 2.23%(Ma et al.,2020)。也有一些学者或媒体对中国环境退化造成的经济损失预估更高一些,例如,Johnson 等(1997)认为,保守地估计,空气和水污染的成本约为中国国内生产总值的 8%;Smil(1996)

第六章　路径资产分析Ⅲ：环境维度

估计，环境退化造成的经济损失占中国年度国内生产总值的 10%—15%；Economy(2004)估计，占中国年度国内生产总值的 8%—12%；Liu 和 Diamond(2005)估计，污染和生态破坏造成的损失占年度国内生产总值的 7%—20%；国家环保总局原副局长祝光耀估计，环境破坏使政府损失了大约 10% 的国内生产总值(Shanghai Daily，2006)。但是，如果将 1998 年长江洪水或 2001 年干旱等大规模灾害造成的损失包括在内，实际数字要高得多(Economy，2004)。

此外，气候变化也直接或间接影响了中国人民的健康，包括极端天气事件造成的死亡、空气质量和水质的变化，以及传染病生态的变化(Kan et al.，2012)。1991—2010 年期间中国曾为提高农业产量而大量使用杀虫剂，高水平的农药残留成为中国迫切需要关注的食品安全问题(Hamburger，2002)。据 Tang 等(2016)估计，2001—2010 年，化学需氧量、总氮和总磷排放造成的农业污染平均成本分别占全国、东北、长三角农业年总产值的 6.09%、4.17%、2.39%[①]。2017 年我国农药的利用率只有 38.8%，且历史上大量农药的生产和不合理使用导致环境中农药残留量高(中华人民共和国农业农村部，2018)，已在全国 22 个省级行政区域发现母乳中的农药残留含量高(Kuang et al.，2020)。

空气污染已成为中国公众健康的主要威胁，中国的空气污染物排放水平仍远高于发达国家，工业、交通和家庭生物质燃烧已成为空气污染物排放的主要来源(Guan et al.，2016)，在中国观察到的肺癌死亡率与 $PM_{2.5}$ 等细颗粒物有关(Manisalidis et al.，2020)。在 2015 年之前，中国的空气污染水平总体上非常高，对健康构成严重威胁，且随着环境中 PM_{10}、NO_2 和 SO_2 浓度的增加，生命损失的年数显著增加(Lu et al.，2015)。每年约有 28.9 万人死于空气污染；估计主要城市中每年约有 17.8 万人死于空气污染，而农村地区每年约有 11.1 万人死于室内空气污染(Johnson et al.，

---

① 东北地区和长三角地区的数据是依据 Tang 等(2016)表 4 中的省级数据计算得出的：东北地区的数据为辽宁、吉林、黑龙江三省的平均值，长三角地区的数据由于上海数据缺失，仅为江苏省和浙江省的平均值。

1997)。据世界银行估算，根据疾病成本估值，空气污染可能每年给中国造成相当于国内生产总值1.2%的年度经济成本，基于支付意愿的估算则相当于国内生产总值的3.8%(World Bank，2007)。在中国最大的500个城市中，只有不到1%的城市达到了世界卫生组织推荐的空气质量标准，中国有7个城市跻身全球污染最严重的10个城市之列(Zhang 和 Crook，2012)。2005—2010年，中国的室外空气污染死亡率上升了5%(2005年1 215 180人，2010年1 278 890人)，中国因空气污染死亡的人数接近全球的五分之二，值得高度警惕，2010年中国由于室外空气污染而承受的经济损失约为1.4万亿美元(OECD，2014)。2017年，我国338个城市中约有70%仍未达到国家环境空气质量标准，$PM_{2.5}$浓度未达标是其中最突出的问题，中国同时面临着改善空气质量和应对气候变化的双重压力(Lu et al.，2020)。未来的气候变化可能会加剧空气污染死亡率，这在很大程度上受到更强烈的极端事件的影响，如停滞事件和热浪(Hong et al.，2019)。

中国的水污染也较为严重，影响居民健康及饮水安全。2010年监测评价的3 902个水功能区中水质达标率仅为46%；17.6万千米河流中，38.6%的河长水质劣于Ⅲ类；339个省界断面中，有48.7%的断面水质劣于Ⅲ类(中华人民共和国水利部，2012)。在中国，由环境污染引起的地方性疾病正明显增加，依赖污水灌溉地区的癌症发病率和死亡人数及出生缺陷自1970年以来均显著增加，污水灌溉地区的癌症患者增加了一倍(Wu et al.，1999)。在东北地区的沈阳和抚顺，污水灌溉地区居民肠道感染和肝脏肿大的发生率比非灌溉对照地区分别高49%和36%(Economy，2004)。接触饮用水中的有机和无机化学物质可能会导致显著的慢性疾病。2000年7月发表的一项关于长三角地区浙江省的调查发现，由水中微囊藻毒素引起的肠癌发病率是获得清洁饮用水的人的5—8倍(Zhou et al.，2000)。此外，源自历史工业活动的土壤中高浓度的重金属元素可能会造成公共卫生风险(Xiao et al.，2015，2020)，已在电子制造厂周围的城市土壤中检测到铬、锌、铅等金属污染(Wu et al.，2018)。

三、具有中国特色的环境治理

我国的环境治理研究涵盖环境治理与经济发展、环境治理与政府治理现代化、环境治理与生态文明、乡村环境治理、全球环境治理五大研究主题，呈现出国家政策牵引、由政府主导向多元主体协同治理转变、"高位驱动"、运动式治理与常态化治理并存的中国特质（颜德如和张玉强，2021）。整体而言，中国环境治理情况良好，环境治理绩效呈现东高西低的空间格局（卢子芳等，2021）。基于生态系统服务付费的生态补偿为解决中国生态系统退化和环境破坏问题提供了创新方法（Yu et al.，2020；Yost et al.，2020）。与西方国家相比，我国的环境治理具有典型的中国特色。

一方面，国家行动者（state actors）作为最重要的行动者仍主宰着包括环境立法、环境规划、环境政策的实施等在内的中国多层级环境治理的网络与动态，并使中国的多层级环境治理呈现出典型的中国特色（Li，2016）。自 20 世纪末以来，中国不断深化生态保护修复战略部署，系统开展顶层设计，推动生态保护修复制度改革创新，持续加大生态保护修复投入，为保障经济社会可持续发展奠定了坚实的生态安全基础（王夏晖等，2021）。为解决环境问题中的行政碎片化问题，国务院于 2018 年下设中华人民共和国自然资源部，统筹山水林田湖草系统治理和生态环境修复。总体上，中国的环境政策有效改善了环境质量（Karplus et al.，2021），以五年规划为代表的目标治理发挥着具有中国特色的生态环境保护与减排效果（谌仁俊等，2022）。2020 年习近平主席宣布中国将力争 2030 年前实现碳达峰、2060 年前实现碳中和，国务院出台《2030 年前碳达峰行动方案》，要求加快实现生产生活方式绿色变革，推动经济社会发展建立在资源高效利用和绿色低碳发展的基础之上，确保如期实现 2030 年前碳达峰目标（国务院，2021）。

另一方面，国家行动者与非国家行动者（nonstate actors）在中国的影响机制不同于西方经验中熟悉的机制。中国的环境治理过程模糊了国家与其他行动者之间的区别，与国家有密切联系的事业单位、社会团体和电子平台（e-platforms）以及国际非政府组织和跨国公司作为中国环境治理的重要参与者替代了西方体系中的非国家行动者，并对国内环境治理实践和中国治理"走出去"产生了重大影响，有别于西方政府采取的国家与非国家行动者的平行治理模式（Guttman et al.，2018）。我国的环境治理过程更加强调环境协同治理目标，政府规制、企业环境责任、公众监督的协同治理发挥了显著的减排与增效作用，有效降低了区域污染排放并提高了环境治理效率，环境政策不确定性释放了精准施策、适时调整、高效匹配的信号，提升了环境协同治理效果（孙慧等，2022）。此外，环境社会治理作为现代环境治理体系和治理能力的重要组成部分，仍是我国的短板（赵婧等，2021）。环境司法强化有效降低了区域工业污染物排放量，有助于推动政府加强环境监管、促进企业增加环保治理支出，环境规制强、经济集聚度高、对外开放程度深的地区的区域环境污染治理效应更为显著（李毅等，2022）。

2011—2020年，中国环境治理体系不断完善，有效推动了环境保护与发展方式转变、污染减排与经济结构调整、环境治理与保障改善民生的有机结合（中华人民共和国生态环境部，2021）。2011年国务院印发《关于加强环境保护重点工作的意见》和《国家环境保护"十二五"规划》；2012年党的十八大将生态文明建设纳入中国特色社会主义事业五位一体的总体布局；2015年党的十八届五中全会提出创新、协调、绿色、开放、共享的发展理念；2017年党的十九大将生态文明建设和生态环境保护提升至国家战略高度，各地积极践行"加强生态环境保护，建设美丽中国"的新发展理念；2018年全国生态环境保护大会正式确立习近平生态文明思想，新发展理念、生态文明和建设美丽中国写入我国宪法、融入国家发展政策中，国务院机构改革组建生态环境部；2020年习近平生态文明思想深入人心，"绿水青山就是金山银山"的理念成为全党全社会的共识和行动指南（中华人民共和国生态环境部，2021）。

第六章　路径资产分析Ⅲ：环境维度

基于生态文明的环境治理框架下，中国坚持"山水林田湖草是生命共同体"的理念，加强生态保护和恢复，在湿地、森林、河流、荒漠等领域实施的多项重大生态保护工程均取得积极进展，森林面积和森林蓄积连续30年保持"双增长"，2009—2019年全国共完成造林面积7 130.7万公顷，成为同期全球森林资源增长最多的国家，卫星观测数据显示，2000—2017年全球新增绿地面积中，25%以上来自中国，中国对全球绿化增量的贡献居全球首位（中华人民共和国外交部，2020；杨明等，2021）。中国绿色发展理念引发世界共鸣，2013年联合国环境规划署理事会会议通过推广中国生态文明理念的决定草案，2016年联合国环境规划署发布《绿水青山就是金山银山：中国生态文明战略与行动》（李琰和杨一，2021）。

生态文明建设是我国实现可持续发展的重要手段，战略新兴产业促进了环境退化与经济发展的脱钩及生态与经济发展的耦合（Meng et al.，2021）。"十四五"时期，我国生态文明建设进入了以降碳为重点战略方向、推动减污降碳协同增效的关键时期（孙秀艳，2021）。研究表明，环境友好技术相关的绿色创新对中国碳排放绩效产生了积极影响，但直接碳减排和绿色行政创新对碳排放绩效的影响小于其他类型的绿色创新（Xu et al.，2021b），相对较高的经济增长水平以及对环境治理和研发活动的持续投资对减少碳排放具有重要作用（Song，2021）。

2022年全国生态环境保护工作会议进一步明确了加快构建现代环境治理体系的主要任务：深化省以下生态环境机构监测监察执法垂直管理制度改革及生态环境损害赔偿制度改革、健全生态环境标准和基准体系、开展长江等重点流域水生态调查监测、强化生态环境治理科技支撑、推动环保设施向公众开放、建设性参与重要国际环境进程和公约谈判（中华人民共和国生态环境部，2022）。

综上所述，国家行动者主导了中国多层级环境治理的网络与动态，使我国的环境治理呈现典型的中国特色，而国家行动者与非国家行动者在中国的影响机制不同于西方经验中熟悉的机制。在基于生态文明的环境治理框架下，我国的环境治理工作正坚持科学治理、源头治理、系统治理，迈向构建现代环境治理体系。

第二节
东北地区的环境

基于本章第一节中所述的历史背景，这一节内容主要从地理位置与气候、生物群落与生态系统、土壤与农业条件、资源利用四个方面介绍东北地区的环境。

一、地理位置与气候

东北地区位于东经118°53′—135°05′、北纬38°43′—53°33′，是中国纬度最高的区域，属温带大陆性季风气候，平原地区和南部属中温带，黑龙江省北部属寒温带。东北地区的总体气候特点是夏季温暖、短暂、多雨，冬季寒冷、漫长而干燥。东北地区的核心是东北平原，面积35万平方千米。东北平原是中国最大的平原，占全国平原总面积的30.43%，占东北地区总面积的43.30%。松花江、嫩江、辽河流经东北平原辽阔肥沃的土地。东北平原地区四季分明，春季低温和秋季霜冻频繁，而平原周边山区的天气则非常不稳定。

东北地区的北部处于东西伯利亚的包围之中，那里有北半球最寒冷的、记录着北半球的最低气温两个地点——位于北纬63°15′、东经143°9′的维尔霍扬斯克和位于北纬67°33′、东经133°23′的奥伊米亚康。东北地区的西部是平均海拔1000米以上的蒙古高原，受西伯利亚高压影响，东北地区冬季的平均气温低于其他同纬度的陆地10℃以上。东北地区的冬季漫长而寒冷，多雪、多霜、多风寒，东北地区北部的冬季更是长达半年以上。东北地区北部的漠河县保持着中国冬季-52.3℃(1969年2月13日)的最低气温记录，1月平均气温为-30.5℃，最低气温常低于-40℃。

东北地区的年平均降水量主要介于 350 毫米与 750 毫米之间，在长白山部分海拔较高的地区，年降水量可达 1 400 毫米以上。夏季降雨几乎无处不在，虽然足以进行耕作，但在某些年份，也可能会干旱。

东北地区是气候变化的敏感区（Zhao et al., 2007）。在全球和区域变暖的背景下，1961—2010 年，东北地区的年平均气温以每十年约 0.35℃ 的速度上升，高于全球和全国的平均水平，其中以北部的小兴安岭上升最为显著，每十年约升温 0.61—0.64℃（Wang et al., 2013）。年降水量呈微弱下降趋势，降水日数呈显著下降趋势，降幅为每十年下降 2.4 天（Zhao et al., 2013）。

东北地区是中国湿地面积最大的区域，三江平原和松嫩平原作为大型淡水湿地分布区，是东北地区受人类活动干扰最严重的地区，由于气候变化、土地利用不当、火灾事件、工程建设和城市化，三江平原和松嫩平原的湿地严重萎缩，大规模农业发展是三江平原湿地丧失和退化的最重要驱动因素，缺水是松嫩平原湿地退化和破碎化的最重要因素（Yu et al., 2018）。1954—1980 年东北地区曾发生湿地的急剧退化，在湿地向其他土地利用和覆被类型的转变中，人类活动发挥了主导作用（89.67%），1980—2015 年，人类活动所起的作用趋于从 89.67% 降至 10.30%，而气候变化的作用主导了从湿地到其他土地利用和覆被类型的转换，但受人类活动和气候变化综合影响，湿地的丧失和破碎化导致中国东北地区的松嫩平原和三江平原的湿地面积总体上趋于减少（Chen et al., 2018）。此外，在气候变化条件下，东北地区的极端天气事件也更加频繁。受气候变化的影响，大兴安岭的雷电火灾自 1987 年以来显著增加，其中 8 月是雷电发生频率最高的月份（张艳平和胡海清，2008）。由于气候变化，20 世纪 90 年代以来，东北地区发生了更频繁的洪水。变暖引起的热浪增加系统地改变了洪水和热浪这两种气候灾害的聚集方式，并使东北地区的连续洪水热浪极端天气事件的频率增加了 5—10 倍（Chen et al., 2021b）。

区域经济地理分析：
基于区域能力的空间实证检验

二、生物群落和生态系统

根据 Ni(2001)基于植物功能类型的中国生物群落分类,东北有四种生物群落:北方落叶针叶林/林地、北方混交林/林地、温带混交林和湿润稀树草原。落叶松、桦树、白杨和松树等茂密的森林覆盖着山地,最高海拔处由灌木覆盖。野生动物丰富多样,包括鹿、麋鹿、貂、野兔和许多其他毛皮动物。东北地区的长白山、五大连池、兴凯湖、蛇岛-老铁山等生物圈保护区列入了联合国教科文组织世界生物圈保护区网络。

东北地区的森林覆盖率在中国是比较高的,尤其山区是国家级农林基地之一。受气候变化的影响,东北地区针叶林的生长季以平均每十年 3.9 天的速度增加(国志兴等,2010),大兴安岭南部冷温带森林的边缘从 1902—2002 年向北退缩了 140 千米(何瑞霞等,2009)。虽然东北地区森林生态系统的碳汇能力自 2003 年以来有所减弱,但碳吸收总量仍将增加,东北地区森林生态系统很可能保持它的碳汇功能,并在减缓气候变化方面发挥积极的作用(赵俊芳等,2009)。

东北地区分布着长白山、枫林、五大连池、兴凯湖、蛇岛-老铁山五个联合国教科文组织生物圈保护区。其中,作为松花江、图们江和鸭绿江源头的长白山,被视为世界罕见的物种基因库和自然博物馆,是欧亚大陆最典型的自然综合体。长白山森林是东北地区森林资源最丰富的地区,其中一些晚期演替林由于未受干扰而具有特殊意义。长白山自然保护区成立于 1960 年,1980 年加入联合国教科文组织人与生物圈计划,成为世界生物圈保护区的一部分。依据《吉林长白山国家级自然保护区总体规划(2007—2020)》,长白山自然保护区森林生态系统十分完整,有 2 806 种野生植物,1 558 种野生动物。长白山自然保护区生物多样性的年总价值为 78.16 亿元,其中,年生态效益总值 63.42 亿元,年社会效益可估算总值 10.54 亿元,年经济效益总值 4.20 亿元(吉林省长白山保护开发区管理委员会,2011;吉林省林业和草原局,2016)。2005—2015 年,长白山自然保护区内外整体的生态脆弱状况呈略微上升趋势，区内和区外发生退化的面积分别为 254 平方千米和 967 平方千米，保护区内和区外对区域整体生态脆弱性升高的贡献分别为 30.2%和 69.8%（朱琪等，2019）。东北地区生物多样性面临的两个最普遍的威胁是伐木和狩猎，除此之外，长白山保护也需要关注旅游开发活动，这意味着保护区需要有一个精心规划的缓冲区管理系统（MacKinnon，1996）。

东北地区的湿地由于经历了历史上的土地复垦，原有的湿地生态系统被集约化农业破坏，许多湿地遭受洪水侵袭。近年来，东北湿地景观、生物多样性和生态系统的生态修复与保护工作成为国家湿地生态系统保护示范。例如，黑龙江省三江平原作为东北地区和中国的商品粮生产基地之一，原是被称为"北大荒"的野生沼泽区，人口稀少，如今已成为"北大仓"，以中国约十分之一的耕地养活了中国约六分之一的人口，占中国商品粮产量的四分之一，但自 20 世纪 50 年代以来，随着该地区的土地复垦和数千个农场的建立，其原始湿地明显减少，而自然灾害却增加（中国科学院地理科学与资源研究所，2018）。另一个例子是位于辽河入海口的辽宁辽河口国家级自然保护区，旨在保护濒临灭绝的丹顶鹤和海鸥以及沿海湿地生态系统（盘锦市生态环境局，2016）。

三、土壤与农业条件

东北地区是中国黑土系列分布最广的地区，尤其是黑土（中部、东部和北部）和黑钙土（西部），土壤肥沃、腐殖质含量高，具有很高的农业产量，广大平原地区适宜机械化耕作，种植着小麦、玉米、大豆、水稻、甜菜等经济作物。东北地区其他的土壤类型包括草甸土（南部和西部）、沙土（西部）、盐渍土和沼泽土（沿海地区）。山区分布着大片的永久冻土层，特别是在东北地区的北部。此外，东北地区坡耕地还面临着水土流失的问题。

东北地区是中国粮食生产和国家粮食安全的国家战略基地（李保国等，

2021)。东北地区是我国最大的商品粮基地，余粮产量占全国总产量的40%以上(殷培红等，2006)，黑龙江省三江平原是中国最大的水稻生产基地，东北地区的粮食生产能力关系到国家粮食安全，但国家粮食安全受到土壤养分持续流失和土壤生产力下降的威胁(Gu et al.，2018)。东北地区农田土壤侵蚀在1950—1980年急剧上升，1999年以来生态政策实施后有所下降，1980年东北地区42%的土地已经耕种，其中78%的土地以高于耐受土壤损失的侵蚀速度被侵蚀，2012年上述比例分别达到46%和82%，黑龙江省拥有最大的侵蚀农田面积，陡坡地区农田面积的增加导致农田土壤流失呈指数级增长(Xie et al.，2019)。为了保持东北地区的土壤生产力，至关重要的是防止黑土层，特别是表土被破坏(Gu et al.，2018)。

总体而言，气候变化有利于东北地区粮食生产，主要粮食作物的种植界限北移东扩，粮食生产潜力明显提升但仍存在区域差异(崔宁波和殷琪荔，2022)。1982—2010年中国东北地区农田面积显著增加了约28%，平均每年增长近一个百分点，农业扩张导致大规模的土地利用和土地覆被变化，大规模的农业扩张可以通过改变地表能量通量、水和反照率来影响近地表气候，假设农田没有扩张，地表温度将增加0.93℃，±0.4℃(He et al.，2020)。

2009—2018年，东北粮食主产区耕地效率值偏低，但整体处于上升态势，吉林省与辽宁省耕地生态效率提升潜力较大(崔宁波等，2021)。通过分析东北地区183个县域粮食产量与农业劳动力变化的耦合模式，发现东北地区总的粮劳变化耦合模式在2008年发生转折，2001—2008年为粮增劳减模式，2008—2015年为粮劳同增模式，可视为多因素综合作用下发生的退化(房艳刚和刘建志，2020)。粮食种植结构的调整导致东北地区粮食生产类型多样性降低，玉米种植的区域范围不断扩大，水稻生产优势区范围明显扩大，大豆为主的类型区则严重萎缩(刘大千等，2019)。东北地区粮食产业发展仍面临粮食增长不稳定、增速不可持续性、种植结构需继续优化、种植质量和农产品效益亟须提升等问题(徐文明和朱显平，2020)。

第六章 路径资产分析Ⅲ：环境维度

四、资源利用

本书所指的资源，可以是可再生资源（阳光、空气、风等），也可以是不可再生资源（地球矿物和金属矿石、化石燃料包括煤、石油和天然气、某些含水层中的地下水等）。

东北地区是中国不可再生资源丰富的区域，矿产资源丰富，主要金属矿藏有铁、锰、铜、钼、铅、锌、金、稀有元素等，非金属矿产资源有煤、石油、油页岩、石墨、菱镁矿、白云石、滑石和石棉。其中，鞍山－本溪铁矿作为中国最大的探明矿区之一，约占全国总储量的四分之一。

东北地区油气资源潜力巨大。截至2015年年底，东北地区探明石油地质资源量843 366.73万吨，可采储量316 122.84万吨，探明天然气地质资源量4 791.67亿立方米，可采储量2 284.32亿立方米，分别较2011年增加了50%和51%（张君峰等，2018）。东北地区石油资源主要分布在松辽、二连、海拉尔、依兰—伊通、彰武盆地，其中致密油主要分布在松辽盆地，地质储量占盆地原油储量的17%，松辽盆地石油年产量4 254.86万吨，占东北地区原油总产量的95.9%，天然气年产量31.39亿立方米，占东北地区天然气总产量的98.8%（张君峰等，2018）。此外，东北地区还有资源潜力巨大的页岩油气、致密砂岩气、煤层气等非常规油气。2021年，松辽盆地陆相页岩油气调查取得新进展，大庆油田陆相非常规油气勘探获得成功[1]（中华人民共和国自然资源部，2021）。

位于东北地区的黑龙江省是矿产资源大省，矿业是黑龙江省的基础性、支柱性产业，截至2018年年底，黑龙江省共发现各类矿产135种，其中具有查明资源储量的矿产有84种，占全国当年230种具有查明资源储量

---

[1] 松辽盆地南部梨树断陷吉梨页油1井首次在沙河子组页岩层系中获得日产7.6万立方米高产工业气流，取得断陷湖盆陆相页岩气调查突破；松辽盆地北部三肇凹陷松页油3井取得日产3.46立方米工业油流，实现常压、中低热演化泥页岩储层页岩油新区战略调查突破。松辽盆地北部古页油平1井、英页1HF井在青一段分别获得日产油38.1立方米、气1.3万立方米和日产油36.1立方米、气0.44万立方米（中华人民共和国自然资源部，2021）。

矿产的36.52%①(黑龙江省自然资源厅，2019)，但矿业经济发展波动较大，2012年全省采矿业总产值2 982.25亿元，2013年起全省矿业经济规模逐年萎缩，到2015年采矿业总产值仅1 536.2亿元(黑龙江省人民政府，2018)。

在可再生资源利用方面，东北地区以地表水和风能资源的利用为主。东北地区的年总地表径流约为1500亿立方米，但空间分布存在差异：东部多于西部、北部多于南部。在平原地区，特别是松嫩平原和三江平原，春季风力资源丰富。

此外，由于工业建设和海岸侵蚀，沿海地区的景观以及东北2 920千米(大陆和岛屿)海岸线发生了很大变化，大陆海岸线的长度从1970年的2 170千米减少到2000年的1 906.33千米，但由于辽宁省多个沿海工业区的建设，2012年又增加至2 168.52千米(徐进勇等，2013)。在辽宁省的一些沿海城市，地方政府盲目围垦土地、建设项目，对滨海湿地和河口地区的生态造成了严重破坏②。

从历史上看，东北地区是中国最后剩余的相对较少开发的地区之一，其开发时间要远远晚于长三角等中国东部地区，直到20世纪东北地区才得到充分的开发和定居(Ye和Fang，2009)。农业耕作是过去300年东北地区土地利用和土地覆被变化的直接原因，以人类迁徙和资源开发为主的外部因素持续改变了东北地区的原始自然景观(Ye和Fang，2011)。20世纪30—50年代，东北地区的土地利用受到森林砍伐、农田废弃、采矿、城市化和战争(包括日本侵华战争和解放战争)的综合影响(Ye和Fang，2011：409)，原始森林和草原被农田和建筑物所取代并因森林砍伐和过度放牧而

---

① 具有查明资源储量的84种矿产分为四大类，其中能源矿产6种；金属矿产28种(黑色金属矿产3种，有色金属矿产11种，贵金属矿产6种，稀有、稀土、分散元素矿产8种)，非金属矿产48种(冶金辅助原料非金属矿产7种，化工原料非金属矿产6种，建材及其他非金属矿产35种)，水气矿产2种。尚未查明资源储量的矿产有51种。2018年黑龙江省有各类矿山2 024个，开发利用矿种62个，年产矿量14 948.17万吨，其中煤炭产量5 213.77万吨，金属矿石产量2 773.09万吨，非金属矿石产量6 894.39万吨，矿泉水产量66.92万吨(黑龙江省自然资源厅，2019)。

② 在辽宁，一些本应依法报国务院审批的围填海项目，却被拆分为多个单宗面积不超过50公顷的项目由省政府审批。2009年，锦州市娘娘宫临港产业区管理委员会成立公司，将806公顷海域拆分为18个单宗不超过50公顷用海的项目，同步申请审批，同步换发土地证并全部纳入土地储备(薛亮，2018)。

退化(Ye 和 Fang, 2011: 416)。20 世纪后半叶东北地区农业迅速发展的同时城市地区也不断扩张,30 年代、80 年代、90 年代和 21 世纪初城市用地分别为 2 536 平方千米、23 380 平方千米、24 829 平方千米和 23 560 平方千米,分别占东北地区土地面积的 0.32%、3%、3.2%和 3%(Ye 和 Fang, 2011: 414)。

第三节
长三角地区的环境

与本章第二节的内容编排一致,本节内容将主要从以下四个方面介绍长三角地区的环境,分别是:一、地理位置与气候;二、生物群落与生态系统;三、土壤与农业条件;四、资源利用。

一、地理位置与气候

长三角地区位于东经 116°18′—123°27′、北纬 27°12′—35°20′之间,中国太平洋西岸沿海地区的中部。长三角的平原地区地处长江中下游平原,后者是继东北平原和华北平原之后的中国第三大平原,拥有中国第三、第四大淡水湖——太湖和洪泽湖。长三角大部分地区属亚热带湿润气候,四季分明,最北部的地区开始转变为湿润的大陆性气候。长三角地区的气候特点是夏季炎热潮湿、冬季凉爽干燥、春秋温暖,年平均气温约 13—19 ℃,七月平均气温约 26—30 ℃。北部地区一月平均气温约-1—4 ℃,南部地区约为 2—8 ℃。气候变化影响着长三角社会经济发展,而长三角地区的建成环境不能适应未来的气候变化,长三角地区的城市化进程也助长了气候变化,20 世纪长三角地区的气温上升了 0.78 ℃,略高于全球变暖的平均速度,90 年代长三角地区城市的年平均气温比之前 40 年高出 0.96 ℃,上海平均气温甚至每十年上升 0.73 ℃(Gu et al., 2011: 550)。

O_3 和 $PM_{2.5}$ 是影响长三角地区空气质量的主要污染物,长三角地区各城市均有不同程度的 O_3 和 $PM_{2.5}$ 大气污染（孙丹丹等，2019）。以江苏省为例，2019 年江苏省共发布重污染天气黄色预警 7 次、橙色预警 3 次，依据《环境空气质量标准》(GB3095-2012)二级标准，全省 13 个设区市年度环境空气质量均未达标，13 市 $PM_{2.5}$ 浓度均超标，徐州、常州、淮安、扬州、镇江、宿迁 6 市 PM_{10} 浓度超标，除南通、盐城外的 11 市 O_3 浓度超标，南京、常州、苏州 3 市 NO_2 浓度超标（江苏省生态环境厅，2021）。

长三角北部年平均降水量约 800—1 000 毫米，南部约 1 200—1 900 毫米，全年都有降水，但降水主要集中在夏季东南季风期，春末夏初的梅雨季节降雨频繁。长三角地区不仅在梅雨季节受到春末夏初洪水（特别是长江洪水）的威胁，而且易受太平洋台风影响，夏末秋初有暴雨。长三角地区极端降水频率增加，长三角城市群扩张过程中，夏季降水日数减少但日降水强度增强，城市中心夏季降水强度较周围增加了 5%—15%（吴风波和汤剑平，2015）。与城市缓慢发展期相比，城市快速发展期极端性降水过程呈延迟发生趋势，8—9 月长三角城市群极端和特强降水过程增多（王莉萍等，2021）。1950 年以来人类活动的增强可能明显加剧了长江干流洪水事件的频率和强度（李雨凡等，2022），地处长江下游及入海口附近的长三角地区许多城市也不得不面临更大的洪水威胁。城市化背景下，长三角城市群的洪水风险不断增加，经济发展状况与洪水风险呈显著正相关（Chen et al.，2020）。

此外，长三角地区也是世界上海平面变化最敏感的地区之一，长三角及苏北沿海为海平面上升风险的高暴露度等级区域，海平面上升风险可能淹没范围最大的是长三角沿海的江苏、上海等地（高超等，2019）。20 世纪中国海平面平均每年上升 1.4 毫米，总计上升了 14 厘米，但长三角沿岸的海平面上升了超过 20 厘米（Gu et al.，2011：550）。考虑到全球海平面上升和长三角地区地面沉降，预计到 2030 年，上海周边海平面将上升 36—38 厘米，江苏沿海地区海平面每年将上升 32—34 厘米；2030—2050 年，海平面将继续上升 21—23 厘米（任美锷，1993；孙清等，1997；刘杜娟和叶银灿，2005）。长江三角洲沿岸侵蚀脆弱性和社会经济影响评估表明，高脆弱性和极高脆弱性区域位于上海的宝山区、奉贤区、金山区、长兴岛和浦东新区北部沿海地区，长江入海口南支、南航道和南航道上部靠近太仓和上海的侵蚀最明显（Wang et al.，2021b）。

二、生物群落与生态系统

根据 Ni（2001）基于植物功能类型的中国生物群落分类，长三角地区以暖温带阔叶常绿混交林为特征。长三角地区的浙江省生物多样性丰富，盐城、天目山等生物圈保护区被列入联合国教科文组织世界生物圈保护区网络，仅浙江省就有高等野生植物 5 500 多种，其中 52 种被列入国家重点保护野生植物名录，已发现陆生野生动物 689 种，其中有 123 种被列入国家重点保护野生动物名录（浙江省统计局，2022）。

历史上长三角地区居民在保护生物多样性的同时，创造了以非凡的水土资源利用为基础的和谐生态系统，它们不仅是景色优美的景观系统，还结合了农业生物多样性、韧性生态系统以及宝贵的文化遗产，以可持续方式供应多种产品和服务，保障粮食和生计安全，浙江青田稻鱼共生系统、浙江绍兴会稽山古香榧群、江苏兴化垛田传统农业系统、浙江湖州桑基鱼塘系统被联合国粮食及农业组织列为全球重要农业文化遗产系统（FAO，2022a，b，c，d）。

在浙江青田稻鱼共生系统中，水稻为鱼类提供庇荫和有机食物，鱼则发挥耕田除草、松土增肥、提供氧气和吞食害虫等功能，此种生态循环系统大大减少了对化肥农药的依赖，增加了系统的生物多样性，保证了农田的生态平衡，在生态共生的基础上建立了巧妙的稻鱼互惠农业，以稻养鱼，以鱼促稻，生态互利（FAO，2022a）。

绍兴会稽山中国香榧社区创造和发展了另一个和谐的生态系统，该地区主要覆盖着香榧林、针叶林和毛竹林，也有一些常绿阔叶林，形成了良好的森林植被并保持了相对完整的森林生态系统和可观的生物多样性，森林通过冠层截留、落叶保水能力和土壤保水能力,还具有水资源保护功能,在防止水土流失的同时提供各种农产品,如坚果和油料作物(花生、芝麻、油菜籽)、粮食作物(如水稻、玉米、小麦、大麦、马铃薯和豆类)、重要的经济作物(茶叶、栗子、干竹笋、食用菌)和药材,通过对自然资源的精心改造、可持续管理和利用,体现了一种高度可持续的人类生存模式(FAO,2022b)。

兴化垛田农业系统是湿地农业系统的典型代表,呈现出典型的复合农业—林业—水产养殖模式,通过挖掘和堆叠沼泽地中的污泥形成类似山脊的凸起的田地并在其上种植农作物、蔬菜等,同时在沟渠中养鱼充分利用水资源,垛田农业系统具有较高的农业生物多样性,拥有超过36个传统品种的水稻、56种淡水鱼,小麦、豆类、小米、高粱、玉米等粮食作物,丰富的蔬菜和水果,以及虾、螃蟹、蛤蜊和野生家禽等丰富的淡水渔业资源,这一可持续的系统与环境很好地融合在一起,为该地区的鸟类及野生动物提供了栖息地(FAO,2022c)。

湖州桑基鱼塘系统是植物—昆虫—鱼类生态共生农业生产模式的代表,从桑葚叶养蚕、蚕粪喂鱼、鱼粪作为肥料到桑葚之间的生态循环是仅依靠自然现象以生态方式生产的良性平衡,养殖者在同一池塘中养殖四种生活在不同水层的鱼类,依靠它们的不同角色来减少周围田间生物侵略者的威胁,上述生态系统建立在宝贵水资源管理知识基础之上:通过筑堤、建闸、浚河,在太湖滩向外延伸方向修建众多溇港,配合沿河挖掘的横塘,形成"塘浦(溇港)圩田"的低洼地大规模综合水利工程系统,池塘蓄水可最大限度减少雨季洪水的影响并减轻洪水灾害的威胁,广阔的水面还可调节区域小气候,而排干多余的水可防止庄稼被洪水淹没,桑基鱼塘生态循环允许将低地变成养鱼池塘,挖出的土堆作为池塘堤坝,每年冬天,鱼塘和河流底部的肥沃泥浆被挖到堤坝上作桑肥以改善堤坝土壤、减少化肥(FAO,2022d)。

2018年长三角生态安全格局内以林地和水域等生态用地为主,全部缓冲区内林地和水域的占比分别为42%和32%，建设用地约占6%，上海、江苏、浙江的生态廊道总长度分别为458千米、3 026千米、3 033千米，主要分布在江苏沿江和浙江东南部的水域、林地等生态空间分布较多的区域，淮安、杭州、南京等城市的生态廊道较长，分别为827千米、676千米、630千米，常州、南通均不足10千米，其中，浙江省东南部的林地等生态空间得到了较好的保护，地形地貌复杂致使土地开发利用成本高、适宜性低，故人类活动对生态系统的干扰较小（李平星等，2021）。

然而，长三角城市群区域已发现了景观生态风险的高风险集群，说明人类干扰对生态系统具有负面影响（Ran et al.，2022）。位于长江沿岸的南京市和苏州市一直处于长三角经济发展的前沿，也面临着极其脆弱的生态风险，以化工为主的产业结构引发了空气污染、水污染、土壤污染，对生态环境造成了一定程度的破坏，人口的增加也对生态环境产生了负面影响（Peng et al.，2019）。同时，由于长三角地区越来越受到极端天气的影响，Gu等（2011）认为长三角地区已成为中国新的生态环境脆弱区，生态系统也将受到威胁。

三、土壤与农业条件

长三角平原地区主要覆盖着几千年来种植多年生水稻而形成的水稻土，也是我国华南稻区的最优质的水稻土，几乎是除东北地区新开黑土外中国最优质的耕地，且由于东北地区自20世纪50年代以来的累积耕作导致土壤退化，长三角平原地区水稻土的土壤肥力要高于黑土。长三角南部山区的黄土、红土以及沿海地区的盐碱土等土壤肥力较差。长三角地区作为我国历史悠久的综合性高产农业区，盛产水稻、茶叶、蚕丝、水产品、柑橘、竹制品等名优农产品。

然而，建设用地的快速增加导致长三角耕地和林地面积不断减少，区域生态环境质量有所下降。1990年以来，长三角地区快速的经济社会发展大幅提升了城市的生产需求，长三角城市群的快速发展也导致人口流入与城市用地扩张，大量农田转变为建设用地或工业园区。1990—2015年，长三角的耕地、林地和草地面积显著减少，而建设用地、水域和未利用地面积显著增加，耕地—建设用地、耕地—林地之间的相互转化主导了长三角城市群土地利用转型（史慧慧等，2019）。2000—2018年，除浙江东南部城市生态环境质量较高且保持相对稳定之外，长三角生态空间格局内建设用地呈缓慢增长态势，上海、扬州、泰州、南京等沿江城市，嘉兴等浙江北部城市，徐州等江苏北部城市的生态廊道内及外围缓冲区土地开发强度相对较高，导致区域生态环境质量有所下降，其中上海市500—1 000米缓冲区内土地开发强度最高，建设用地占46%，0—200米缓冲区内开发强度达到5%（李平星等，2021）。

其次，重金属等污染物排放量高导致土壤污染风险高。长三角地区重金属污染物排放总量仍较高，江苏和浙江均为重金属污染防控重点省份，仅浙江省2018年通过全国排污许可证核发系统报送有色金属冶炼、电镀等涉重金属企业1 300家，其中1 113家为在产企业，给周边土壤环境带来较大风险（宋志晓等，2021）。工业三废排放、交通运输以及化肥、农药、农膜等的大量使用，使得长三角地区农用地土壤中重金属Cd累积与污染情况最为严重，其次是Cu、Hg和Pb，浙江台州分别存在Cd、Hg、Cu多种重金属复合污染问题（甘婷婷等，2021）。长三角地区典型城郊流域农田土壤中的抗生素含量显著高于园地和林地，检出浓度顺序为四环素类（TCs）>喹诺酮类（QNs）>大环内酯类（MLs）>磺胺类（SAs），平均含量分别为41.43微克/千克、11.38微克/千克、0.15微克/千克、0.09微克/千克，而农田土壤抗生素含量与有机肥施用密切相关（赵方凯等，2018）。长三角地区的南京、上海、吴江、启东区域34个采样点的土壤样品普遍检测出有机氯农药的残留，表层土壤为主要残留层（邵波等，2018）。

再次，气象灾害影响农业生产。2019年浙江省极端气候事件频发：冬季出现罕见大范围持续阴雨寡照天气，农田涝渍严重；4—5月雷电、大风、冰雹等强对流天气频发；梅雨季气温总体偏低、暴雨过程频繁；出梅后出现全省性高温天气,其后受到4个台风影响,狂风暴雨造成严重损失;伏夏至秋季内陆持续少雨、部分区域出现伏秋连旱气象灾害(浙江省生态环境厅,2021)。

最后,长三角扩容将在整体上为长三角城市群带来负面环境效应,产业专业化分工和产业差异化分工显著提高了工业废水排放强度,导致产业分工的环境正外部性无法凸显,虽然环境规制的增强有助于缓解长三角地区水环境压力,但扩容政策却通过放松环境规制加剧了原位城市与新进城市的水污染,且这种负面环境效应在原位城市要强于新进城市(赵领娣和徐乐,2019)。

综上,长三角地区农业发展面临的主要挑战是多数城市的土地利用与生态环境处于失调状态,城镇化进程中用地扩张呈低密度、分散化倾向,对生态安全和环境质量扰动强烈(杨清可等,2021)。工业化和城镇化过程中的土壤污染(重金属和有机污染物)、水污染以及固体废物的累积也使长三角地区农业发展面临挑战(Gu et al.,2011)。

四、资源利用

长三角地区的岛屿和海岸线资源丰富,有面积超过500平方米的海岛3 000多个,海湾众多(如杭州湾)。其中,崇明岛和舟山岛是继台湾和海南之后的中国第三、第四大岛屿。长三角地区的大陆和岛屿共有长达7 930.64千米的海岸线,占全国的近四分之一(24.78%),浙江省海岸线总长约6 715千米,其中大陆海岸线长2 218千米,面积在500平方米以上岛屿2 878个(浙江省自然资源厅,2018)。与东北地区相比,长三角地区的天然矿产资源总体上并不丰富,主要矿产资源为非金属矿产。江苏省连云港市东海县被誉为"中国水晶之都"。

长三角在海上风电等可再生能源利用方面居全国领先地位。长三角是全国深远海海上风电规划5个千万千瓦级海上风电基地之一,2019年年底长三角海上风电机组累计并网容量达488.7万千瓦,占全国同期海上风电累计并网容量592.8万千瓦的82.4%,其中江苏省海上风电机组累计并网容量423万千瓦,占全国的71.4%(易跃春,2020)。

然而,工业化和城镇化进程导致长三角地区建设用地规模急速扩张,对资源过度开采及污染排放带来了水污染、大气污染、地面沉降等一系列环境问题。

首先,长三角地区城市建设用地扩张迅速,土地资源开发强度较高。1995—2015年长三角建设用地面积大幅上升且呈聚合状发展,导致林地和耕地面积不断减少并呈破碎状分布(欧维新等,2019)。其中,上海的建设用地比例最高,地级市是增长最快的区域,变化趋势呈现出以上海和苏州为核心的显著增长及圈层特征,政府部门所在区域成为建设用地的增长中心(Wang et al.,2015:856-857)。依据中华人民共和国国家统计局(2022)官方统计数据计算,2004—2015年长三角地区城市建设用地面积快速增长,从2004年的5 677平方千米增至2015年的9 594平方千米,占全国城市建设用地总面积的近五分之一(2004年为18.44%,2013年升至19.54%,2015年为18.60%);2016—2018年虽较2015年有所减少,但2018年长三角地区仍有9 140平方千米城市建设用地,占全国的16.30%,而长三角地区国土面积仅占全国的2.20%,表明长三角地区土地资源开发强度较高。

其次,长三角地区虽河湖众多,但截至2010年年底,京杭大运河长三角段、太湖、长江下游和钱塘江段均受到不同程度的污染,太湖污染最严重,废水排放导致河湖污染及水质型缺水(Gu et al.,2011)。2011—2015年,长三角地区水污染物排放规模显著下降,高强度排放格局由连片式分布收缩为零散式分布,高扩张—高排放型县域集中分布在上海及其周边和苏北地区,城市扩张规模每提升1%,本地COD、NH_3-N 排放分别增加0.274%、0.368%,距海岸线和长江干流越远,水污染物排放强度越呈对数曲线式降低(周侃等,2022)。在城市群和都市圈100千米范围内,高度城市化地区的集聚效应和示范作用驱动了同期长三角地区氨氮排放整体规模的下降，氨氮高值排放区县在沿海地区持续集聚，但在内陆则不断减少（伍健雄等，2021）。

再次，由于受到大气污染特别是二氧化硫污染，长三角地区仍存在酸雨（年降雨 pH 值<5.6）的威胁（Gu et al.，2011）。2019 年，江苏省设区市酸雨平均发生率为 15.7%，降水年均 pH 值为 5.49，酸雨年均 pH 值为 4.64，全省有 9 市监测到酸雨污染，与 2018 年相比酸雨平均发生率上升 3.6 个百分点，降水酸度和酸雨酸度同比均略有增强（江苏省生态环境厅，2021）。2020 年浙江省降水 pH 年均值为 5.16，虽较 2019 年改善了 0.03，平均酸雨率仍达 52.6%，69 个县级以上城市中有 50 个被酸雨覆盖，酸雨类型为硫酸-硝酸混合型（浙江省生态环境厅，2021）。2016—2020 年上海市酸雨污染总体呈下降趋势，2020 年上海全市降水 pH 平均值为 5.38，酸雨频率为 40.2%（上海市生态环境局，2021）。

最后，以苏州—无锡—常州（苏锡常）、杭州—嘉兴—湖州（杭嘉湖）和上海为代表的长三角许多城市因过度开采地下水导致区域性地面沉降与地裂缝等地质灾害。依据《长三角地区地下水资源与地质灾害调查评价》报告，长三角长江以南 10 万平方千米范围内有三分之一的区域累计沉降已超 200 毫米，面积近 1 万平方千米，其中，上海市是我国发生地面沉降现象最早、影响最大、危害最严重的城市，江苏省的苏锡常地区，浙江省的杭嘉湖等地已形成 3 个区域性沉降中心，最大累计沉降量分别达到 2.63 米、1.08 米、0.82 米，造成经济损失高达 3 149.71 亿元（郭坤一等，2006）。浙江省 2017 年地面沉降易发区面积 10 524 平方千米，分布于杭嘉湖、宁奉、温黄、温瑞平苍等沿海平原地区，累计沉降量大于 50 毫米的沉降面积约 5 250 平方千米，2017 年沉降量大于 10 毫米、20 毫米的沉降面积分别为 280.9 平方千米和 64.1 平方千米，分别比 2016 年增加 134.8 平方千米和 26.1 平方千米，地面沉降面积扩大的主要原因是大规模城市工程建设引发局部工程性地面沉降以及沿海围垦新成陆地区的欠固结土的工程性沉降（浙江省自然资源厅，2018）。

第四节
东北和长三角地区的环境路径资产定量分析

本节基于对东北地区(本章第二节)和长三角地区(本章第三节)的环境文献分析,主要从森林、自然保护区、能源消费量、空气质量、水质、环境事故、污染治理投资七个方面对东北和长三角地区进行环境路径资产定量分析。主要的数据来源为中华人民共和国国家统计局公布的官方统计数据以及各年度的国家和省级统计年鉴数据。

一、森林

中国是世界上森林资源最匮乏的国家之一,人均森林面积仅0.1公顷,而世界平均水平为0.6公顷,森林砍伐是造成中国历史上水土流失和洪水泛滥的主要原因(Liu 和 Diamond,2005)。伴随着改革开放以来中国快速城市化和工业化进程的推进,国家和区域发展对森林环境功能的需求不断增加,例如,净化空气、涵养水源、缓解水资源短缺与稳定洪水、减少噪声、保护生物多样性、防止山体滑坡或侵蚀等灾害。

本书主要分析1985—2020年东北地区和长三角地区的森林面积和森林覆盖率。森林面积包括郁闭度0.2以上的乔木林地面积和竹林面积,国家特别规定的灌木林地面积,农田林网以及村旁、路旁、水旁、宅旁林木的覆盖面积(中华人民共和国国家统计局,2021)。森林覆盖率是以行政区域为单位的森林面积占区域土地总面积的百分比,反映森林资源的丰富程度和生态系统的平衡状况。东北和长三角地区的数据依据各省统计数据计算得出,主要的数据来源为中华人民共和国国家统计局(2022)、国家林业和草原局(2019)以及各年度省统计年鉴数据。

1985—2020年,东北地区的森林覆盖面积从27.04万平方千米增加至33.47万平方千米,森林覆盖率从33.45%增至41.40%(图6.1),其中,

第六章　路径资产分析Ⅲ：环境维度

东北地区黑龙江省的森林覆盖率已达 47.23%，为东北地区生态安全提供了有效保障。虽然 1999—2008 年东北地区的森林面积和森林覆盖率有所下降，整体上东北地区的森林覆盖率高于长三角地区，而东北和长三角地区的森林覆盖率均高于全国平均水平(图 6.1b)。

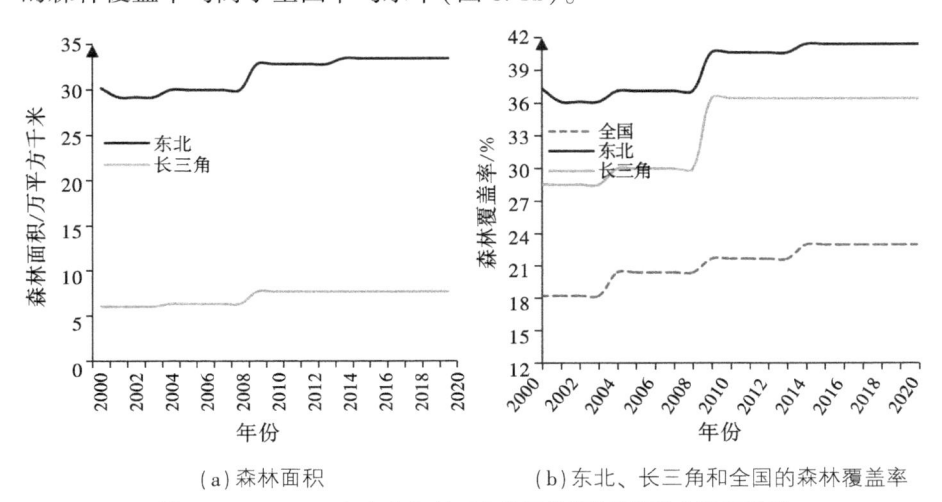

(a) 森林面积　　　(b) 东北、长三角和全国的森林覆盖率

图 6.1　1985—2020 年东北和长三角地区的森林面积和森林覆盖率

数据来源：中华人民共和国国家统计局（2022）、国家林业和草原局(2019)及各年度省统计年鉴。

1985—2013 年，长三角地区的森林覆盖面积从 4.12 万平方千米增加至 7.70 万平方千米，森林覆盖率从 19.51%增至 36.44%(图 6.1)。然而，2014—2020 年，由于江苏省的森林面积由 162.10 万平方千米减少至 155.99 万平方千米，虽然浙江省和上海市森林面积均有所增加，但整体上长三角地区的森林面积在此期间下降了 39 平方千米。

二、自然保护区

依据《中华人民共和国自然保护区条例》，自然保护区是指对有代表性的自然生态系统、珍稀濒危野生动植物物种的天然集中分布区、有特殊意义的自然遗迹等保护对象所在的陆地、陆地水体或者海域，依法划出一定面积予以特殊保护和管理的区域。自然保护区分为国家级自然保护区和地方级自然保护区。自然保护区是中国特色自然保护地体系[①]的基础，我国将于2025年完成自然保护地整合归并优化，开展自然资源统一确权登记，2035年实现自然保护地总面积占比稳定在陆域国土面积的18%以上（国家林业和草原局等，2022）。

由于在2000年之前，仅有1995年的国家和省级统计数据，因此，这一部分内容主要以1995年为参考，分析2000—2020年东北和长三角地区的自然保护区面积及其占地区陆域国土面积的百分比，主要数据来源为中华人民共和国国家统计局（2022）、历年的全国和省级统计年鉴以及国家林业和草原局等（2022）。

一方面，东北地区自然保护区的总面积及其占地区陆域面积的比例都超过了长三角地区。此外，东北地区的自然保护区面积不断增加，1995—2020年东北地区自然保护区的面积增加了90 530平方千米，2020年占东北地区陆地面积的16.1%（表6.1）。

表6.1 主要年份东北和长三角地区的自然保护区面积及其占地区陆域面积的百分比

	东北		长三角	
	自然保护区面积（平方千米）	保护区面积占地区陆域国土面积百分比（%）	自然保护区面积（平方千米）	保护区面积占地区陆域国土面积的百分比（%）
1995	39 760	4.9	5 038	2.4
2000	56 969	7.0	7 609	3.6
2005	98 130	12.1	11 670	5.5
2010	113 740	14.1	8 540	4.0
2015	126 960	15.7	8 840	4.2
2020	130 290	16.1	8 850	4.2

注：数据来源同图5.4。

[①] 中共中央办公厅、国务院办公厅2019年印发《关于建立以国家公园为主体的自然保护地体系的指导意见》，将我国自然保护地按生态价值和保护强度高低依次分为国家公园、自然保护区、自然公园三大类型。国家公园是以保护具有国家代表性的自然生态系统为主要目的的区域，自然保护区是保护典型的自然生态系统、珍稀濒危野生动植物种的天然集中分布区、有特殊意义的自然遗迹的区域，自然公园是保护重要的自然生态系统、自然遗迹和自然景观，具有生态、观赏、文化和科学价值，可持续利用的区域。

另一方面，总体上 2000—2020 年东北和长三角地区自然保护区面积占地区陆域国土面积的百分比均低于全国平均水平，其中，长三角地区自然保护区面积占土地总面积的比例远远低于东北地区和全国平均水平（图6.2）。造成这一状况的主要原因可能是长三角地区快速的工业化和城市化进程占用了部分自然保护区面积，以满足区域经济增长的需要。虽然2015—2018 年东北地区的自然保护区面积占地区陆域国土面积的百分比高于全国平均水平，但 2019—2020 年再次低于全国平均水平约 3 个百分点。

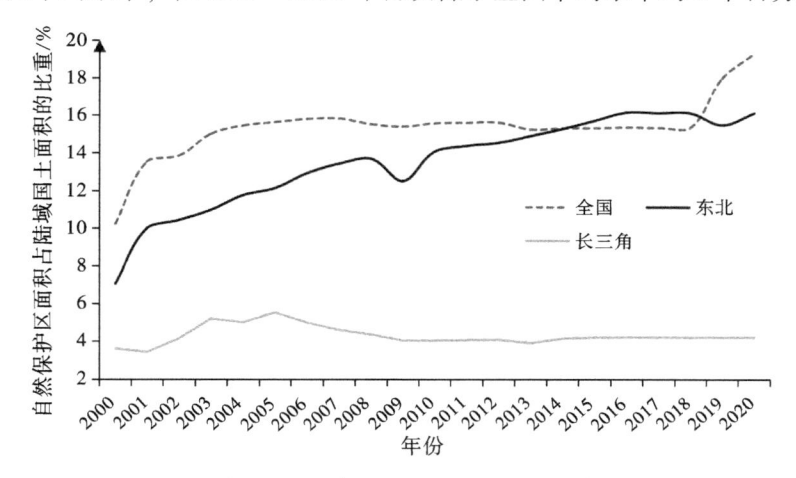

图 6.2　2000—2020 年东北、长三角和全国自然保护区面积占陆域国土面积的比重
数据来源：中华人民共和国国家统计局(2015)；1996—2004 年中国及各省统计年鉴。

三、能源消费量

主要分析 1978—2020 年东北和长三角地区能源消耗的两个指标——能源消费总量和万元国内生产总值能源消费量。数据来源为各年度省统计年鉴，东北地区和长三角地区的数据依据各省统计年鉴数据计算得出。由于江苏省和浙江省在 1985 年之前没有统计数据，因此对长三角地区进行1985—2020 年的数据分析。此外，1978—2020 年全国数据来源为中华人民共和国国家统计局(2022)。

一方面，分析东北和长三角地区的能源消费总量，发现 1978—2020 年

区域经济地理分析：
基于区域能力的空间实证检验

东北和长三角地区以万吨标准煤计算的能源消费总量均有所增加，且长三角地区能源消费总量的年增长率高于东北地区，特别是2000—2020年长三角地区的能源消费总量超过东北地区（图6.3a）。2020年，东北地区的能源消费总量为41 910万吨标准煤，而长三角地区则高达68 432万吨标准煤。

另一方面，分析东北、长三角和全国的万元国内生产总值能源消费量，发现1978—2020年东北、长三角和全国的万元国内生产总值能源消费量一直在下降，代表实现单位国内生产总值的能耗不断降低（图6.3b）。与万元国内生产总值能源消费量的全国平均值相比，1978—2020年东北地区的万元国内生产总值能源消费量一直高于全国平均水平，而1985—2020年长三角地区的万元国内生产总值能源消费量始终低于全国平均水平，这表明东北地区实现单位经济增长消耗的能源较多且始终高于同期全国平均水平，而长三角地区则在节能方面领先于全国平均水平和东北地区（图6.3b）。

(a) 能源消费总量　　　　　　　(b) 万元国内生产总值能源消费量

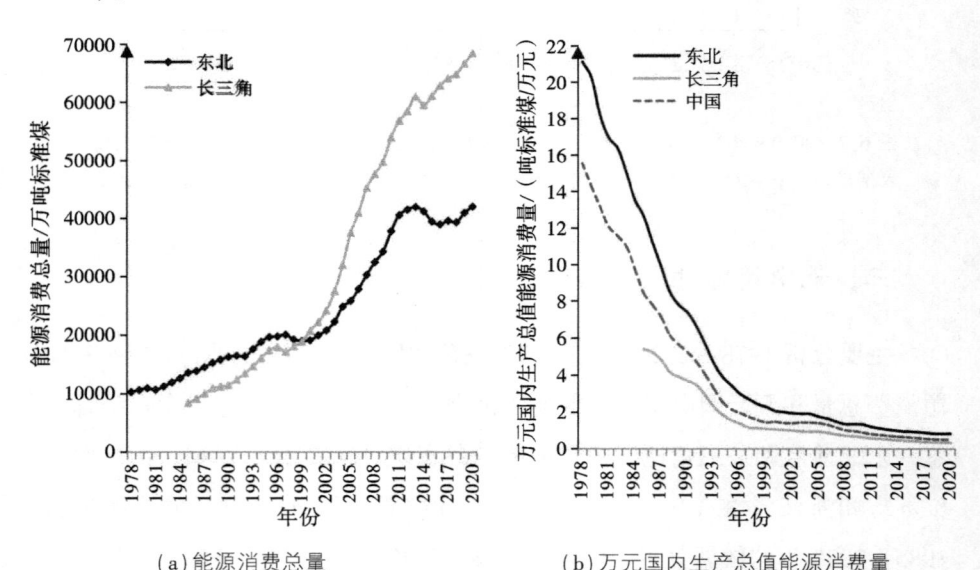

图6.3　1978—2020年东北和长三角地区的能源消费总量与万元国内生产总值能源消费量
　　　数据来源：同图5.4。

总之，能源消费量的分析表明，1978—2020年，东北、长三角和全国的单位国内生产总值能耗一直在降低，尽管东北和长三角地区的能源消费总量均稳步增长。万元国内生产总值能源消费量的区域差异方面，长三角地区始终低于全国平均水平，而东北地区始终高于全国平均水平，表明东北地区实现单位经济增长消耗的能源较多且始终高于同期全国平均水平，而长三角地区则在节能方面领先于全国平均水平和东北地区。

四、空气质量

依据中华人民共和国生态环境部(2021)，空气质量指数(AQI)在0—100之间的天数为优良天数，又称达标天数，空气质量指数(AQI)大于100的天数为超标天数。空气质量通过每日空气质量指数(AQI)评估和发布，包括空气质量状况和等级，根据《环境空气质量标准(GB 3095—2012)》，考虑到公民的健康和安全，城市空气质量应达到二级标准。依据国务院办公厅2010年5月转发的《关于推进大气污染联防联控工作 改善区域空气质量的指导意见》的通知(国办发〔2010〕33号)，长三角地区是我国大气污染联防联控工作的重点区域之一，东北地区的辽宁中部要积极推进大气污染联防联控工作，以实现到2015年区域内各城市空气质量达到或优于国家环境空气质量二级标准的目标。2000—2015年，东北地区和长三角地区先后共有29个城市纳入国家空气质量监测，其中，东北地区12个城市，长三角地区17个城市。

本书这一部分将主要分析东北和长三角地区主要城市的空气质量，通过计算各城市每年的空气质量指数超标天数占年度的百分比(表6.2、表6.3)，来分析2000—2021年东北和长三角地区上述29个主要城市的空气质量，主要数据来源如下：2000—2013年数据来自中华人民共和国环境保护在线数据中心，2014—2021年数据来自中国空气质量在线监测分析平台(2022)。

2000—2021年，在东北地区接受空气质量监测的12个城市中，3个城市的空气质量指数超标天数超过20%，7个城市的空气质量指数超标天数介于10%—20%之间，2个城市空气质量指数超标天数低于年有效监测天数的10%（表6.2）。同期，在长三角地区接受空气质量监测的17个城市中，有5个城市的空气质量指数超标天数超过20%，10个城市超标天数介于10%—20%之间，2个城市超标天数低于年有效监测天数的10%（表6.3）。

东北地区空气污染较为严重的年份集中在2000—2002年以及2013—2017年。以2014年为例，12个城市中有1个城市空气质量指数超标天数超过40%，4个城市空气质量指数超标天数介于30%—40%之间，6个城市的空气质量指数超标天数介于20%—30%之间，1个城市的空气质量指数超标天数介于10%—20%之间。2013—2015年，东北和长三角地区的大部分城市的空气质量都在恶化，长三角地区因工业污染而更加频繁地发生雾霾，成为当地居民呼吸系统健康的威胁。

2018年以来，上述两个地区主要城市的空气质量均有所改善。2021年，东北地区12个主要城市空气质量指数超标天数占当年有效监测天数的百分比均已降至20%以下（表6.2），6个城市的空气质量指数超标天数介于10%—20%之间，6个城市超标天数低于年有效监测天数的10%。2021年，长三角地区大部分主要城市空气质量指数超标天数占当年有效监测天数的百分比也已降至20%以下，仅徐州、常州和扬州三市仍超过20%（表6.3）。

表6.2 2000—2021年东北地区主要城市空气质量指数超标天数占当年有效监测天数的百分比

年份	沈阳	大连	鞍山	抚顺	本溪	锦州	长春	吉林	哈尔滨	齐齐哈尔	大庆	牡丹江
2000	25.4%	1.0%					10.0%		20.7%			
2001	56.4%	4.4%					11.7%		23.7%			
2002	44.4%	4.7%					6.6%		22.2%			

第六章　路径资产分析Ⅲ：环境维度

续表

年份	沈阳	大连	鞍山	抚顺	本溪	锦州	长春	吉林	哈尔滨	齐齐哈尔	大庆	牡丹江
2003	18.4%	4.4%					6.3%		18.6%			
2004	17.8%	4.6%	27.5%	22.3%			5.7%		18.6%	11.9%		18.5%
2005	13.2%	5.2%	22.7%	22.5%			6.9%		17.5%	5.5%		15.9%
2006	12.1%	7.4%	20.3%	19.2%			6.9%		15.6%	10.7%		14.3%
2007	11.5%	7.4%	19.7%	16.2%			6.9%		15.6%	4.9%		12.9%
2008	11.8%	3.6%	16.1%	7.7%			6.6%		15.9%	4.4%		8.7%
2009	9.9%	1.7%	19.8%	9.3%			6.9%		14.8%	5.2%		7.1%
2010	9.9%	1.1%	11.8%	9.1%			6.6%		14.3%	5.8%		5.5%
2011	9.1%	3.0%	11.3%	9.3%	2.8%	4.0%	5.5%	3.7%	13.2%	5.2%	3.1%	5.8%
2012	9.9%	3.8%	4.4%	6.0%	3.6%	3.0%	7.4%	7.1%	12.9%	2.2%	2.2%	1.9%
2013	41.1%	28.6%	8.7%	10.7%	3.8%	5.5%	35.7%	13.8%	22.4%	5.5%	5.8%	10.1%
2014	47.9%	20.8%	35.1%	32.8%	17.8%	34.2%	32.6%	25.2%	21.9%	21.5%	22.0%	21.6%
2015	40.5%	26.6%	34.2%	26.0%	17.5%	30.4%	35.8%	33.4%	36.9%	14.5%	12.7%	20.3%
2016	32.1%	19.5%	20.8%	20.5%	13.6%	34.5%	17.9%	18.8%	23.0%	9.0%	10.9%	10.1%
2017	24.2%	24.9%	24.7%	24.7%	25.4%	25.0%	24.3%	26.8%	25.8%	12.6%	12.6%	9.9%
2018	21.9%	13.2%	18.1%	23.6%	9.3%	24.4%	7.4%	12.3%	15.2%	6.7%	7.8%	6.6%
2019	22.2%	17.3%	21.4%	23.6%	12.6%	21.6%	16.2%	14.2%	16.8%	6.5%	8.3%	7.4%
2020	20.8%	5.4%	20.6%	23.2%	11.5%	22.7%	16.7%	18.6%	16.2%	7.8%	9.6%	8.4%
2021	13.7%	12.1%	12.6%	13.7%	6.0%	16.4%	9.3%	9.9%	15.1%	3.8%	6.6%	4.1%
平均	23.4%	10.0%	19.4%	17.8%	11.3%	20.2%	13.2%	17.4%	18.9%	8.0%	9.2%	10.5%

注：2000—2013年数据来自中华人民共和国环境保护在线数据中心，2014—2021年数据来自中国空气质量在线监测分析平台（2022）。

表 6.3 2000—2021 年长三角地区主要城市空气质量指数超标天数占当年有效监测天数的百分比

年份	上海	南京	无锡	徐州	常州	苏州	南通	连云港	扬州	镇江	杭州	宁波	温州	嘉兴	湖州	绍兴	台州
2000	10.48%	25.24%				1.90%	8.57%				7.14%						
2001	15.26%	32.70%				9.54%	18.26%	16.59%			24.25%	2.86%	3.00%				
2002	23.01%	41.37%				31.51%	25.21%	27.67%			27.95%	4.11%	2.47%				
2003	10.96%	18.63%				21.37%	11.51%	15.89%			19.73%	7.95%	1.10%				
2004	15.85%	19.40%				16.39%	11.75%	11.75%	18.48%	27.01%	20.22%	8.20%	3.01%		10.43%	1.42%	
2005	11.78%	16.71%				12.33%	11.78%	10.96%	13.15%	11.78%	17.53%	9.59%	2.19%		9.86%	9.32%	
2006	11.23%	16.44%				11.23%	12.05%	11.23%	12.88%	15.07%	18.08%	10.14%	2.74%		10.41%	10.41%	
2007	10.14%	14.52%				10.68%	11.51%	9.86%	11.23%	9.04%	15.62%	9.86%	1.10%		9.04%	13.15%	
2008	10.38%	11.75%				11.20%	12.02%	8.47%	12.02%	9.29%	17.49%	10.93%	3.55%		9.29%	14.21%	
2009	8.52%	13.74%				9.89%	7.14%	8.24%	7.14%	10.99%	10.44%	10.16%	3.30%		7.97%	15.11%	
2010	7.97%	17.03%				9.89%	9.62%	8.24%	12.36%	9.07%	13.74%	13.46%	7.14%		9.89%	11.81%	
2011	7.69%	13.19%	4.95%	9.29%	8.05%	8.24%	7.14%	9.07%	11.26%	7.14%	8.79%	11.54%	7.97%	8.05%	13.46%	11.54%	2.48%
2012	6.30%	13.42%	5.75%	9.86%	7.95%	7.40%	9.04%	12.33%	12.05%	11.78%	8.22%	6.03%	6.03%	5.21%	11.51%	13.15%	1.37%
2013	0.00%	71.43%	28.57%	57.14%	21.43%	35.71%	21.43%	35.71%	7.14%	7.14%	42.86%	28.57%	7.14%	21.43%	42.86%	57.14%	19.05%
2014	23.00%	48.49%	42.47%	34.79%	36.71%	37.81%	29.59%	31.51%	39.18%	34.25%	38.22%	17.25%	16.17%	27.09%	37.28%	36.38%	17.58%
2015	29.30%	36.71%	37.26%	38.36%	32.88%	34.25%	32.33%	28.77%	37.79%	39.73%	33.70%	17.30%	14.30%	35.60%	40.30%	26.10%	11.50%
2016	24.60%	33.70%	32.88%	34.79%	32.60%	30.96%	27.95%	23.28%	22.79%	26.58%	29.30%	15.30%	8.80%	25.70%	34.40%	19.36%	9.60%
2017	24.70%	27.67%	32.33%	51.78%	31.68%	28.49%	27.12%	20.82%	37.53%	36.44%	25.80%	14.80%	9.90%	27.40%	31.50%	24.70%	5.80%
2018	18.90%	31.23%	29.32%	43.84%	38.36%	26.58%	20.27%	24.93%	35.62%	36.99%	26.30%	12.30%	4.90%	23.30%	29.00%	22.20%	6.30%
2019	15.30%	28.22%	26.48%	40.77%	35.37%	20.73%	17.27%	22.66%	26.82%	26.72%	21.40%	12.90%	3.00%	20.00%	23.30%	16.20%	5.79%
2020	12.80%	17.69%	19.74%	25.77%	18.64%	16.54%	10.69%	15.73%	16.49%	18.64%	8.70%	7.10%	3.00%	12.80%	12.30%	9.30%	5.50%
2021	7.39%	18.35%	17.80%	21.35%	26.57%	14.52%	11.78%	17.26%	21.64%	18.63%	12.05%	3.80%	0.50%	9.80%	14.79%	4.30%	0.82%
平均	13.89%	25.80%	25.23%	33.43%	26.39%	18.51%	16.09%	17.67%	19.89%	19.79%	20.34%	11.15%	5.30%	19.67%	19.87%	17.54%	7.80%

注：数据来源同表 6.2。

五、水质

依据国家《地表水环境质量标准（GB 3838-2002）》，将地表水水质分为五个等级：Ⅰ级水质最好，Ⅴ级水质最差；Ⅴ+表示劣Ⅴ类水（表6.4）。

表6.4 中国地表水水质标准

等级	地表水水域环境功能	水质
Ⅰ	源头水、国家自然保护区	饮用水
Ⅱ	集中式生活饮用水地表水源地一级保护区、珍稀水生生物栖息地、鱼虾类产卵场、仔稚幼鱼的索饵场	饮用水
Ⅲ	集中式生活饮用水地表水源地二级保护区、鱼虾类越冬场、洄游通道、水产养殖区等渔业水域及游泳区	饮用水
Ⅳ	一般工业用水区及人体非直接接触的娱乐用水区	污染
Ⅴ	农业用水区及一般景观要求水域	污染
Ⅴ+	基本无法使用	严重污染

注：来源为地表水环境质量标准（GB 3838-2002）。

截至2015年8月末，东北地区和长三角地区总共有47个江河湖泊重点监测断面。东北地区共有重点监测断面31个，其中，松花江21个断面、辽河8个断面、兴凯湖2个断面；长三角地区共有重点监测断面16个，其中，太湖7个断面、淮河6个断面、长江2个断面、钱塘江1个断面。本书在东北和长三角地区分别选取营口市辽河公园断面和上海市青浦急水港断面2个典型断面，分析2004—2020年期间上述两个选定断面的水质。其中，辽河公园断面位于东北地区辽宁省营口市辽河流域大辽河入海口，断面点位（122.217647，40.680598）；急水港断面位于长三角地区太湖流域苏-沪省界，断面点位（120.917036，31.115509）。2004—2014年数据来源为中华人民共和国环境保护在线数据中心发布的重点断面水质每周自动监测数据，2015—2020年数据来源为地表水水质监测系统（https://moonapi.com/WaterQuality/index/index.html）。

营口市辽河公园断面，2013—2015年水质较好，除2015年最后4周外，水质均在Ⅳ级以上；2004—2012年以及2016—2019年，该断面水质曾连续多周为Ⅴ类和劣Ⅴ类，其中，2017年全年50%的时间水质为Ⅴ类和劣Ⅴ类(表6.5)。

上海青浦急水港断面，整体而言，2004—2020年该断面水质有所改善，但2017年下半年与2018年上半年该断面水质较差，其中，2017年有16周为劣Ⅴ类水质、4周为Ⅴ类水质，代表该断面2017年三分之一以上的时间(38.5%)均为Ⅴ类和劣Ⅴ类水质(表6.6)。

表6.5　2004—2020年营口辽河公园断面监测水质等级

周	2004	2005	2006	2007	2008	2009	2010	2011	2012	2013	2014	2015	2016	2017	2018	2019	2020
1	V+	V+	V+	V+	V	V+	V+	V	★	Ⅳ	Ⅳ	Ⅲ	V+	V	Ⅱ	Ⅰ	
2	V+	V+	V+	V+	V		V	★	Ⅳ	Ⅳ	Ⅳ	V+	Ⅲ	V+	Ⅰ		
3		V+	V+	V+	V+	V		V	★	Ⅳ	Ⅳ	Ⅳ	V+	Ⅲ	V+	Ⅰ	
4	V+	V+	V+	V+	V+				★	Ⅳ	Ⅳ	Ⅳ	V+	Ⅲ	V+	V	
5	V+	V+	V+	V+			V	★	★	Ⅳ	Ⅳ				V+	V+	
6	V+	V+	V+	V+		★	V+	★		Ⅳ	Ⅳ		V+	Ⅳ		V+	
7	V+		V+	V+	V+	★	V+	★		Ⅳ	Ⅳ		Ⅲ	V+		V+	
8	V+	V+	V+	V+	V+	★	V+	★		Ⅳ	Ⅳ		Ⅲ	V+		V+	
9	V+	V+	V+	V+	V+	★	V+	★		Ⅳ	Ⅳ		Ⅲ	Ⅲ		V+	
10	V+	V+	V+	V+		★	V+	★		Ⅳ	Ⅲ		V+	V+	V+		
11	V+	V+	V+	V+	V	★	V+	★		Ⅳ			V+	V+	V+		
12	V+	V+	V+	V+	V+	★	V+	★		Ⅳ	Ⅳ	Ⅲ	V+	V+	V+		
13	V+	V+	V+	V+	V+	V+	V+	★		Ⅳ	Ⅲ		V+	Ⅰ			
14	V+	V+	V+	V+	V+	V+	V+	★		Ⅳ		Ⅱ	V+	V+	Ⅰ		
15	V+	V+	V+	V+	V+	V+	Ⅳ	★	★	Ⅳ	Ⅲ		V+	Ⅰ			
16	V+	V+	V	V+	V+	V+	Ⅳ	★		V+	Ⅲ	Ⅲ	V+	Ⅰ			
17	V	V+	V+	V+	V+	V+	V+	★	★	Ⅳ	Ⅲ	V+	Ⅲ				
18	V+	V+	V+	V+	V+	V+	V+	★		Ⅳ	Ⅳ	Ⅱ		Ⅲ			
19	V+	V+	V+	V+	Ⅳ	V+	V+	V+	V+	Ⅳ	Ⅳ	Ⅳ		Ⅳ			
20	V+	V+	V+	V+	V+	V+	V+	V+	Ⅳ	Ⅳ	Ⅲ	Ⅳ		Ⅲ			
21	V+	V+	V+	V+	V+	V+	V+	V+	V+	Ⅳ	Ⅲ	Ⅳ			Ⅱ		
22	V+	V+	V+	V+	V	V	V	V+		Ⅳ	Ⅲ	Ⅳ	V+		Ⅱ	Ⅱ	

第六章　路径资产分析Ⅲ：环境维度

续表

周	2004	2005	2006	2007	2008	2009	2010	2011	2012	2013	2014	2015	2016	2017	2018	2019	2020
23	V+	V+	V	Ⅳ	V	V	Ⅳ	Ⅳ	Ⅳ	Ⅲ	Ⅳ	Ⅲ	Ⅲ	Ⅲ	Ⅲ		
24	V+	V+	Ⅳ	Ⅳ	V	V+	Ⅳ	V	Ⅲ	Ⅲ	Ⅳ	Ⅲ	Ⅲ	Ⅲ	Ⅲ		
25	V	V+	V	V	V	V+	V	V	Ⅳ	Ⅲ	Ⅲ	Ⅲ	Ⅲ	Ⅲ	Ⅱ	Ⅱ	
26	V	V+	Ⅳ	V+	V+	V	Ⅳ	Ⅳ	Ⅲ	Ⅲ	Ⅲ	Ⅱ	Ⅲ	Ⅱ	Ⅱ		
27	V+	V+	V+	V+	V+	V	Ⅳ	Ⅲ	Ⅳ	Ⅲ	Ⅲ	Ⅱ	Ⅲ	Ⅱ	Ⅱ		
28		V+	V+	V+	V+	V	V+	Ⅳ	Ⅲ	Ⅲ	Ⅳ		Ⅲ	Ⅲ	Ⅰ		
29		V+	V+	V+	V+	V+	V+	Ⅳ	Ⅳ	Ⅳ	Ⅳ	Ⅲ	Ⅳ	Ⅲ	Ⅰ		
30		V	V+	V+	V+	V+	V	Ⅳ	Ⅳ	Ⅳ	Ⅲ	Ⅱ	Ⅳ	Ⅱ	Ⅰ		
31	V+	V+	V+	V+	V+	V+	V	Ⅲ	Ⅲ	Ⅳ	Ⅲ	V	Ⅳ	Ⅰ			
32	V+	V+	V+	V+	V+	V+	V	Ⅳ	Ⅲ	Ⅲ	Ⅲ	Ⅲ	V	Ⅲ			
33	V+	V+	V+	V+	V+	V	V	Ⅳ	Ⅳ	Ⅳ	Ⅲ	Ⅲ	V	Ⅲ			
34	V+	V+	V+	V+	V+	V	Ⅳ	Ⅳ	Ⅳ	Ⅲ	Ⅲ	Ⅲ	Ⅲ	Ⅰ			
35	V	V	Ⅳ	V+	V	V	V+	V+	Ⅲ	Ⅲ	Ⅲ	Ⅳ	Ⅲ	V+	Ⅰ		
36	V	Ⅳ	V+	V+	Ⅳ	Ⅳ	V	V	Ⅲ	Ⅲ	Ⅲ	Ⅲ	Ⅲ	V+			
37	V	V	V+	V	V	Ⅳ	V+	V	Ⅲ	Ⅲ	Ⅱ	Ⅲ	Ⅲ	V+	Ⅰ		
38	V+	Ⅳ	V	V	Ⅳ	Ⅳ	Ⅳ	V	Ⅲ	Ⅲ	Ⅲ	Ⅲ	Ⅲ	V	Ⅰ		
39		V	V	Ⅳ	Ⅳ	Ⅳ	V	V	Ⅲ	Ⅲ	Ⅳ	Ⅳ	Ⅲ	V			
40	V+	V+	V+	V+	Ⅳ	Ⅳ	V+	Ⅳ	Ⅳ	Ⅲ	Ⅲ	Ⅲ	Ⅲ	V	Ⅰ		
41	V+	V+	V+	V+	Ⅳ	Ⅳ	V+	Ⅳ	Ⅳ	Ⅳ	Ⅳ	Ⅳ	Ⅲ	V+	Ⅰ	Ⅱ	Ⅱ
42	V+	Ⅳ	V+	V+	Ⅳ	V+	V+	Ⅳ	Ⅳ	Ⅳ	Ⅳ	Ⅳ	Ⅲ	V+	Ⅰ		
43	V+	Ⅳ	V+	V+	Ⅳ	V+	V+	Ⅳ	Ⅳ	Ⅳ	Ⅳ	Ⅳ	Ⅲ	V+	Ⅰ	Ⅱ	Ⅲ
44	V+	Ⅳ	Ⅳ	V+	V+	V+	V+	Ⅳ	Ⅳ	Ⅳ	Ⅱ	Ⅲ	Ⅲ	V+		Ⅱ	Ⅲ
45	V+	Ⅳ	V+	V+	Ⅳ	V+	V+	V+	Ⅳ	Ⅳ	Ⅲ	Ⅲ	Ⅲ	V+	Ⅰ	Ⅰ	Ⅲ
46	V	V	V+	V+	V+		V+	V+	Ⅳ	Ⅳ	Ⅲ	Ⅲ	Ⅲ	V+	Ⅰ		
47	V+	V+	V+	V+	V+	Ⅳ	V	V+	Ⅳ	Ⅳ	Ⅲ	Ⅲ	Ⅱ	V+	Ⅰ	Ⅱ	
48	V+	V+	V+	V+	V+	Ⅳ	V+	V+	Ⅳ	Ⅲ	Ⅳ	Ⅲ	Ⅲ	V+	Ⅰ		
49	V+	V+	V+	V+	V+	V+	V+	V+	Ⅳ	Ⅳ	Ⅳ	V+	Ⅲ	V+	Ⅰ	Ⅱ	
50	V+	V+	V+	Ⅳ	V	V+	V+	V+	V	Ⅳ	Ⅳ	V+	Ⅲ	V+	Ⅰ	Ⅰ	
51	V+	V+	V+	V+	V	V+	V+	V+	V+	Ⅳ	Ⅳ	V+		Ⅲ	Ⅰ		
52	V+	V+	V+	Ⅳ	V+	V+	V+	V+	Ⅳ	Ⅲ	Ⅳ	V+	Ⅲ	Ⅲ	Ⅰ		

说明：空白表示无监测数据，★表示该断面出现河流断流，V+代表水质劣V类。

注：2004—2014年数据来源为中华人民共和国环境保护在线数据中心，2015—2020年数据来源为地表水水质监测系统 https：//moonapi.com/WaterQuality/index/index.html。

表 6.6 2004—2020 年上海青浦急水港断面监测水质等级

周	2004	2005	2006	2007	2008	2009	2010	2011	2012	2013	2014	2015	2016	2017	2018	2019	2020
1	V+	V+	V+	V+	V+	V+	V+	V+	V	IV	IV	I	Ⅲ		Ⅲ	I	
2	V+	V+	V+	V+	V+	V+	V+	V+	V+	Ⅲ	IV	II	Ⅲ		Ⅲ	I	
3	V+	V+	V+	V+	V+	V+	V+	V+	V	V	V	V	Ⅲ		Ⅲ	I	
4	V+	V+	V+	V+	V+	V+	V+	V+	V	V	IV	II			Ⅲ	I	
5	V+	V+	V+	V+	V+	V+	V+	V+	IV	Ⅲ	Ⅲ	Ⅲ			Ⅲ	I	
6	V+	V+	V+	V+	V+	V+	IV	IV	V	Ⅲ	I	Ⅲ			Ⅲ	I	
7	V+	V+	V+	V+	V+	V+	V	V+		Ⅲ	I	II			Ⅲ	I	
8	V+	V+	V+	V+	V+	V+	V+	V+			I	Ⅲ			Ⅲ	I	
9	V+	V+	V+	V+	V+	V+	V+	V+	IV	IV	I	Ⅲ			IV	I	
10	V+	V+	V+	V+	V+	V+	V+	V+	IV	V	I	Ⅲ			IV	I	
11	V+	V+	V+	V+	V+	V+	V+	V		Ⅲ	Ⅲ	I	Ⅲ				
12	V+	V+	V+	V+	V+	V+	V	IV	V+	II	Ⅲ	II	V		IV		
13	V+	V+	V+	V+	V+	V+	V	V	V+	Ⅲ	IV	II	V				
14	V+	V+	V+	V+	V+	IV	V+	V		II	Ⅲ	Ⅲ					
15	V+	V+	V+	V+	V+	V+	IV	V+	V	II	Ⅲ	Ⅲ	IV		IV		
16	V+	V+	V+	V+	V+	V	IV	V+	IV	Ⅲ	Ⅲ	Ⅲ	IV	II	IV		
17	V+	V+	V+	V+	V+	V	V	V	IV	II	Ⅲ		Ⅲ	II	II		
18	V+	V+	V+	V+	V+	IV	V	IV	V	Ⅲ	Ⅲ	Ⅲ	Ⅲ	II	II		
19	V+	V+	V+	V+	V+	V+	IV	IV	V+	Ⅲ	Ⅲ		Ⅲ	II	I		
20	V+	V+	V+	V+	V+	IV	V+	IV	IV	II	Ⅲ				I		
21	V+	V+	V+	V	V+	IV	V	V+	IV	IV	V	II	II		I		
22	V+	V+	V	V+	V+	IV	V+	V+	IV	Ⅲ	V	II	Ⅲ		I		
23	V+	V+	IV	V+	V+	V	IV	IV	Ⅲ	V		Ⅲ	Ⅲ		I		
24	V+	V+	V+	V+	V+	IV	V	V+	V	★	IV	Ⅲ	Ⅲ	Ⅲ	I		
25	V+	V+	V+	V	V	V+	V+	V+	IV	V	V	Ⅲ		I			
26	V+	V+	V+	IV	IV	V	V+	V+	IV	Ⅲ	V	Ⅲ	Ⅲ		I		
27	V+	V+	V+	V	IV	V	V	V+	IV	IV	IV	Ⅲ	Ⅲ	Ⅲ	I		

第六章　路径资产分析Ⅲ：环境维度

续表

周	2004	2005	2006	2007	2008	2009	2010	2011	2012	2013	2014	2015	2016	2017	2018	2019	2020
28	V+	V+	V+	Ⅳ	Ⅳ	V	Ⅲ	V	V	Ⅲ	Ⅲ	Ⅲ	Ⅱ	Ⅲ	Ⅰ		
29	V+	V+	V+	V	V	V	V	Ⅳ	Ⅳ	Ⅲ	Ⅱ	Ⅱ	Ⅱ	Ⅳ	Ⅰ		
30	V+	V+	V+	V	V	V	V	V	Ⅳ	Ⅲ	Ⅲ	Ⅱ	Ⅱ	V+	Ⅰ		
31	V+	V+	V+	V	V	Ⅲ	V	Ⅳ	Ⅲ	Ⅲ	Ⅲ	Ⅲ	Ⅱ	V+	Ⅰ		
32	V+	V+	Ⅳ	V+	V	Ⅲ	V	Ⅳ	Ⅳ	Ⅲ	Ⅲ		Ⅱ	V+	Ⅰ		
33	V+	V+	Ⅳ	V	V	Ⅲ	V	V	Ⅲ	Ⅲ	Ⅲ	Ⅲ	Ⅱ	V+	Ⅰ		
34	V+	V+	V	V	V	Ⅲ	V	V	Ⅲ	Ⅲ	Ⅲ		Ⅱ	V+	Ⅰ		
35	V+	V	V	V	V	Ⅳ	V	V	Ⅲ	Ⅳ	Ⅳ	Ⅳ	Ⅱ	V+	Ⅰ		
36	V+	V+	V+	V+	V	Ⅲ	V	Ⅳ	Ⅳ	Ⅳ	Ⅳ	Ⅳ	Ⅱ	V	Ⅰ		
37	V	V+	V	V	V+	V	Ⅳ	V	V+	Ⅳ	Ⅳ	Ⅳ	Ⅱ	V+	Ⅰ		
38	Ⅳ	V	V	V	V	Ⅳ	Ⅲ	V	V	Ⅳ	Ⅳ	Ⅳ	Ⅱ	V+			
39	V	V	V	V	V	V	V	V	V	Ⅲ	Ⅲ	Ⅲ	Ⅱ	V	Ⅱ		
40	Ⅳ	V	V	V	V	V+	Ⅲ	V	Ⅳ	Ⅳ	Ⅳ	Ⅳ	Ⅱ	V			Ⅲ
41	V	V+	V+	V	V	Ⅳ	Ⅳ	Ⅳ	V	Ⅲ	Ⅲ	Ⅱ	Ⅲ	V		Ⅰ	
42	V+	V+	V+	V	V	Ⅳ	Ⅳ	Ⅳ	V	Ⅳ	Ⅳ	Ⅱ		V+	Ⅰ	Ⅰ	Ⅲ
43	V+	V+	V+	V+	Ⅳ	Ⅲ	V	V	V	Ⅲ	Ⅲ	Ⅲ	Ⅱ	V+		Ⅰ	
44	V+	V+	V	V	V	Ⅳ	Ⅳ	V	V	Ⅲ	Ⅳ		Ⅲ	V+		Ⅰ	
45	V+	V+	V+	V	V	V	Ⅳ	Ⅳ	V	Ⅲ	Ⅲ	Ⅲ	Ⅱ	V+	Ⅰ	Ⅰ	
46	V+	V+	V+	V	V+	Ⅳ	V	Ⅳ	Ⅳ	Ⅲ	Ⅲ			V+	Ⅰ	Ⅰ	
47	V+	V+	V+	V	V	V+	V	Ⅲ	Ⅳ	Ⅳ	Ⅲ	Ⅲ			Ⅰ	Ⅰ	
48	V+	V+	V	V+	V	V	Ⅳ	Ⅳ	Ⅲ	Ⅱ		Ⅰ	V+	Ⅱ	Ⅱ		
49	V+	V+	V	V+	V	V	V	Ⅳ	Ⅳ	Ⅲ	Ⅲ		V+	Ⅰ	Ⅱ		
50	V+	V+	V+	V+	V	V	V+	Ⅳ	Ⅳ	Ⅳ	Ⅱ		Ⅳ	Ⅱ	Ⅱ		
51	V+	V+	V+	V+	V+	V+	V+	V	V	Ⅲ	Ⅲ		Ⅳ				
52	V+	V+	V+	V+	V+	V+	V+	V	V	Ⅳ	Ⅲ		Ⅳ				

注：数据来源同表6.5。空白表示无监测数据，V+代表水质劣V类。

通过上述分析发现，东北和长三角地区的地表水水质在2004—2016年均有不同程度的改善，但2017—2018年水质均有所下降，表现为Ⅴ类和劣Ⅴ类水质天数急剧增加，但2019—2020年水质均有所改善。由于突发环境事件等污染事故会导致河流水质恶化，接下来将对环境事故进行进一步的分析。

六、环境事故

依据中华人民共和国国家统计局（2022）以及《中国统计年鉴（1992—2014）》，选取"突发环境事件次数"这一指标来分析东北和长三角地区1991—2020年的环境事故，该指标的前身是"环境污染与破坏事故次数"。基于国家统计指标的上述变化，本书中的环境事故指的是环境污染与破坏事故和突发环境事件。由于1991年之前无相关统计数据，本书将重点分析1991—2020年东北和长三角地区的环境事故数量，即1991—2008年的环境污染与破坏事故的数量以及2009—2020年的突发环境事件的数量。具体数据来源如下：1991—2013年的数据来源为《中国统计年鉴（1992—2014）》，2014—2020年的数据来源为中华人民共和国国家统计局（2022）。东北和长三角地区的数据依据省级数据计算得出。

1991—2020年，长三角地区污染事故的数量一直高于东北地区，这意味着对长三角地区环境造成了更大的负面影响。2009—2013年长三角地区突发环境事件次数显著增加，2012—2013年长三角地区的突发环境事件次数更占到全国突发环境事件总数的一半以上，这在一定程度上表明，虽然长三角的地区生产总值或其他经济指标的表现领先于东北地区，但人与环境的不和谐也随资源环境过度开发而加剧。随着环保督察的推进，2014—2018年长三角地区的突发环境事件次数迅速下降，但2019—2020年又有所回升，2020年全国十分之一以上的突发环境事件发生在长三角地区（表6.7）。

表 6.7　1991—2020 年东北、长三角和全国的环境事故数量

	东北	长三角	全国
1991	201	744	3 038
1992	241	507	2 667
1993	348	466	2 761
1994	246	574	3 001
1995	50	432	1 966
1996	138	191	1 446
1997	127	274	1 992
1998	191	281	1 422
1999	111	147	1 614
2000	104	285	2 411
2001	73	219	1 842
2002	28	207	1 921
2003	108	269	1 843
2004	77	137	1 441
2005	32	101	1 406
2006	31	113	842
2007	25	137	462
2008	18	161	474
2009	6	178	418
2010	13	203	420
2011	9	255	542
2012	16	292	542
2013	13	402	712
2014	5	205	471
2015	13	59	334
2016	16	32	304
2017	15	21	302
2018	14	17	286
2019	10	19	261
2020	6	22	208

注：数据来自《中国统计年鉴(1992—2014)》；中华人民共和国国家统计局(2022)。

事实上，我国还有两个关于环境事故的历史统计指标：环境污染事故的直接损失（1995—2009 年）、环境污染事故的罚款和赔偿总额（1991—2009 年）。尽管上述指标在 2010 年之后便不再统计，但本书仍将与东北和长三角地区相关的数据进行了简短分析，作为参考。

一方面，1995—2009 年，除 2004 年和 2008 年外，长三角地区环境污染事故的直接损失及其占全国的比重均超过了东北地区（表 6.8）。

另一方面，除 1998 年长三角地区和 2000 年东北地区之外，在 1991—2009 年期间的大多数年份，环境污染事故的罚款和赔偿总额均远远低于环境污染事故的直接损失（表 6.9，也请同时参阅表 6.8）。1991—2009 年，仅有 5 年东北地区的罚款和赔偿金额是超过长三角地区的，这意味着 1990 年代以来长三角地区引人瞩目的经济增长在一定程度上也造成了当地的环境污染与破坏。

表 6.8 1995—2009 年东北、长三角和全国环境污染事故的直接经济损失及占全国的比重

年份	东北（万元）	长三角（万元）	全国（万元）	东北/全国（%）	长三角/全国（%）
1995	41.7	1 278.7	9 937.9	0.4	12.9
1997	360.6	436.2	8 366.1	4.3	5.2
1998	224.6	8 655.7	19 843.7	1.1	43.6
1999	221.8	398	5 710.6	3.9	7.0
2000	136.2	9 634.3	17 807.9	0.8	54.1
2001	369.1	8 125.9	12 272.4	3.0	66.2
2002	57.3	1 224.8	4 640.9	1.2	26.4
2003	89.2	444.9	3 374.9	2.6	13.2
2004	611.3	493.7	36 365.7	1.7	1.4
2005	59.9	2 229.9	10 515	0.6	21.2
2006	150.3	807.9	13 471.1	1.1	6.0
2007	无数据	3 278	无数据		
2008	7 420	74	18 186	40.8	0.4
2009	550	13 653	43 354.4	1.3	31.5

注：数据来自《中国统计年鉴（1996—2010）》，地区数据由省级数据计算得出。1996 年数据缺失；2007 年仅有全国数据，省级数据缺失。

表 6.9　1991—2009 年东北、长三角和全国环境污染事故的罚款和赔偿金额及其占全国的比重(万元)

	东北	长三角	全国	东北/全国(%)	长三角/全国(%)
1991	1032	857	4 614	22.4	18.6
1992	386.6	563.8	5 526.3	7.0	10.2
1993	396.5	774.2	4 602.8	8.6	16.8
1994	489	1 124	5 093	9.6	22.1
1995	206	1 034	4 260	4.8	24.3
1996	144.8	342	2 999.4	4.8	11.4
1997	355.2	342.3	3 050.1	11.6	11.2
1998	479.6	9 110.6	21 954.9	2.2	41.5
1999	236.8	79.4	2 116.3	11.2	3.8
2000	146.2	814	3 682.65	4.0	22.1
2001	315.7	555.9	3 263.9	9.7	17.0
2002	30.4	394.2	3 140.7	1.0	12.6
2003	70.7	367.3	2 391.5	3.0	15.4
2004	389	187.4	3 963.9	9.8	4.7
2005	51.5	432.7	3 082.1	1.7	14.0
2006	83.4	133.7	8 415.9	1.0	1.6
2007	无数据		807	无数据	
2008	140	66	927	15.1	7.1
2009	0	20	2 168.1	0	0.9

注：数据来自《中国统计年鉴(1996—2010)》，地区数据由省级数据计算得出。

七、污染治理投资

基于统计数据的可获得性，本书主要分析 2003—2020 年东北和长三角地区的污染治理投资。由于统计指标变更，选择污染治理投资总额、环境污染治理投资占国内生产总值的比重 2 个指标分析东北和长三角地区 2003—2013 年的污染治理总投资；选择工业污染治理完成投资额、工业污染治理完成投资占国内生产总值的比重2个指标分析东北和长三角地区2003—2020年的工业污染治理投资。东北地区和长三角地区的数据分别由各省统计数据计算得出,数据来源为《中国统计年鉴(2004—2021)》及历年省统计年鉴。

2003—2013年,东北和长三角地区的污染治理总投资都有所增加,且长三角地区的污染治理总投资高于东北地区(图6.4a),东北、长三角和全国的污染治理总投资占国内生产总值的比重介于0.95%—1.99%之间(图6.4b)。具体来看,全国污染治理总投资占国内生产总值的比重在1.18%—1.86%之间波动,平均为1.43%;东北地区的比重介于1.00%—1.99%,平均为1.32%;长三角地区的比重介于0.95%—1.61%,平均为1.19%。

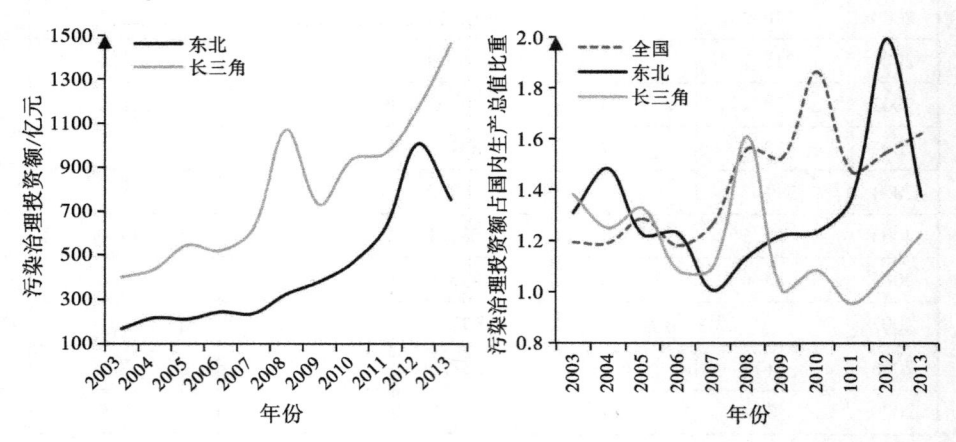

(a)污染治理投资额　　　　　(b)污染治理投资额占国内生产总值比重
图6.4　2003—2013年东北和长三角地区的污染治理投资额及其占国内生产总值的比重
数据来源:《中国统计年鉴(2004—2014)》及历年省统计年鉴。

2003—2020年,东北和长三角地区的工业污染治理完成投资额波动较大(图6.5a);东北地区占全国工业污染治理完成投资的比重约下降了10个百分点,2020年仅为1.29%,而长三角地区在全国工业污染治理完成投资中所占比重有所上升,2020年为24.81%,约占全国的四分之一(图6.5b);东北、长三角和全国的工业污染治理完成投资占国内生产总值的比重均呈波动下降趋势,介于0.1‰—3.7‰之间,东北地区降幅较大,长三角地区降幅较小(图6.5c)。

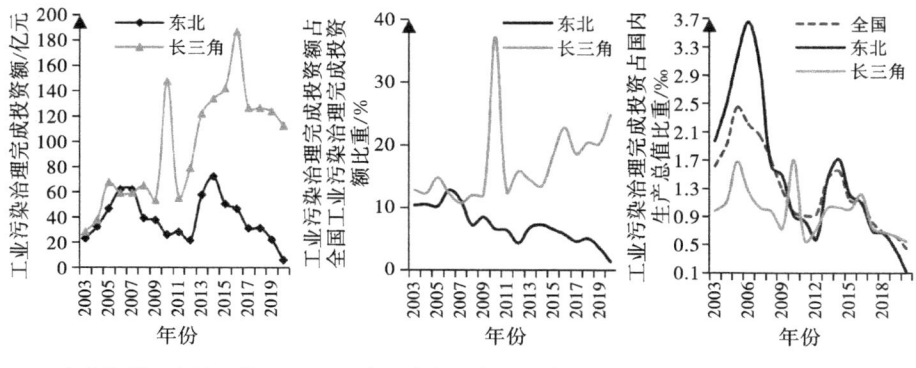

(a) 东北和长三角地区的工业污染治理完成投资额

(b) 东北和长三角地区的工业污染治理完成投资额占全国工业污染治理完成投资额的比重

(c) 东北、长三角和中国的工业污染治理完成投资占国内生产总值的比重

图6.5 2003—2020年东北和长三角地区的工业污染治理完成投资及所占比重

数据来源:《中国统计年鉴(2004—2021)》及历年省统计年鉴。

其中,东北地区的工业污染治理完成投资占国内生产总值比重降幅最大,由2006年最高值3.65‰降至2020年最低值0.12‰;长三角地区工业污染治理完成投资占国内生产总值比重变化相对平缓,由2010年最高值1.70‰降至2020年最低值0.55‰;全国则由2005年最高值2.45‰降至2020年最低值0.45‰。

第五节
小结

本章第一节内容首先介绍了我国的环境退化和污染状况以及环境退化和污染的经济社会成本,在此基础上进一步介绍了具有中国特色的环境治理,作为东北和长三角环境路径资产分析的背景。

接下来,本章分别从地理位置与气候、生物群落和生态系统、土壤与农业条件以及资源利用四个方面，先后对东北地区(本章第二节)和长三角地区(本章第三节)环境的一般信息及最新研究进展进行了梳理，发现改革开放以来东北和长三角地区的工业化和城市化进程引发了空气污染、水污染、土壤污染等环境污染，造成了生物多样性减少、土地退化等生态环境的破坏。例如，东北地区由于历史上对湿地进行的土地复垦，导致原始的湿地生态系统被破坏，许多湿地受到洪水侵袭。长三角地区20世纪90年代以来的快速工业化和城市化进程导致城市建设用地不断扩张，并造成环境污染和生态破坏。

更重要的是，东北和长三角地区均为气候变化敏感区。在受气候变化影响的全球和区域变暖的背景下，东北地区气象灾害频率增加，年平均气温上升的速度高于世界和全国平均水平。长三角地区是全球海平面变化最为敏感的地区之一，已成为中国新的生态环境脆弱区，受极端天气和洪水的影响日益明显。长三角城市群在8—9月份极端性降水过程和特强降水过程增多，长江干流洪水事件频率和强度的增强使地处长江下游及入海口附近的长三角许多城市面临更大的洪水威胁。鉴于长三角地区的建成环境尚不能适应未来气候变化这一事实，长三角地区的城市化进程可能进一步导致了该地区的气候变化。

在此基础上，基于官方统计数据，对东北和长三角地区1978—2021年间的环境路径资产进行定量分析(本章第四节)，主要有以下五个结论：

第一，东北和长三角地区的森林资源定量分析表明，两个地区的森林覆盖率均高于全国平均水平，森林为区域生态安全提供了有效保障，东北地区的森林面积和覆盖率居领先地位，具体分析参见本章第四节标题一的内容。

第二，东北和长三角地区自然保护区的定量分析表明，东北地区自然保护区的总面积及其占地区陆域面积的比例都超过了长三角地区，长三角地区自然保护区占土地总面积的比例远远低于东北地区和全国平均水平，造成这一状况的主要原因可能是长三角地区快速的工业化和城市化进程占

第六章　路径资产分析Ⅲ：环境维度

用了部分自然保护区面积，以满足区域经济增长的需要，具体分析参见本章第四节标题二中的内容。

第三，东北和长三角地区能源消费量的定量分析表明，1978—2020年，尽管东北和长三角地区的能源消费总量都随着区域经济运行而稳步增长，但在此期间，东北、长三角和全国的单位生产总值能耗一直在下降。东北地区的万元国内生产总值能源消费量始终高于全国平均水平和长三角地区，表明东北地区实现单位经济增长消耗的能源较多、区域经济增长方式不可持续，而长三角地区则在节能方面处于全国领先水平，从侧面反映了东北和长三角地区在区域产业结构和经济绩效方面的差距，具体分析参见本章第四节标题三中的内容。

第四，东北和长三角地区空气质量和水质的分析表明，2000—2015年，东北和长三角地区的环境质量日渐衰退，表现为两个地区的空气质量和地表水质量都在恶化，地表水污染日益严重，污染物的排放量超过了水体自净能力，破坏了水生态系统，大气污染物成为重大的区域环境问题。2016年以来，中央环境保护督察作为有效推进生态文明、建设美丽中国的制度安排，严肃问责地方官员，有效遏制了地方官员在区域治理中忽视资源环境承载能力、盲目决策的问题，东北和长三角地区的环境质量整体上有所改善。对空气质量和水质的具体分析，请分别参见本章第四节标题四和标题五中的内容。

第五，对环境事故和污染治理投资的定量分析表明，污染事故经常发生，并对东北地区和长三角地区的公众健康和环境构成威胁。1991—2020年，长三角地区污染事故的数量一直高于东北地区，意味着长三角地区自1990—2015年的经济高速增长是以环境污染和生态破坏为代价的，具体分析请参见本章第四节标题六中的内容。2009—2013年，长三角地区的突发环境事件次数显著增加。特别是2012—2013年，全国半数以上（约55%）的突发环境事件均发生在长三角地区，表明长三角经济指标虽领先于东北地区，但资源环境过度开发也导致了更多的污染事故。相应地，长三角不得不加大对污染治理项目的投资，具体分析请参见本章第四节标题七中的内容。

通过以上分析，发现东北和长三角地区在区域可持续发展方面还有很长的路要走。一方面，由于区域发展路径的路径依赖和锁定，环境退化和生态破坏对区域可持续性具有长期影响。1978年以来区域工业化和城市化进程中的人类活动深刻改变了东北和长三角地区的环境，对资源的不可持续利用、建设用地不断扩张、工业生产排污等均对环境可持续性造成了负面影响。另一方面，在全球和区域变暖、灾害威胁增加的背景下，东北和长三角地区对气候变化敏感，这意味着东北和长三角地区的建成环境至少在一定程度上不适应未来的气候变化。因此，气候变化和人类活动造成的环境污染都对东北和长三角地区当地的生态系统造成了灾难性的影响，而东北和长三角地区的环境也因环境事故和灾害的频繁发生而受到威胁。

事实上，东北地区和长三角地区已经在利用可再生能源保护环境方面做出了努力，长三角地区在中国可再生能源，尤其是风电的利用方面，处于领先地位。此外，东北和长三角地区都开始研究如何提高区域能力，特别是对未来气候变化的适应能力。

改善东北和长三角地区的环境退化和污染，需要提高公众的环境保护意识、加强法律法规的执行以及提升企业的社会责任，这些均与多层级环境治理密切相关。当前，中国政府已将环境数据监测和生态环境状况公报透明化，极大地改善了公众对环境信息的获取。自2016年以来，中央环境保护督察工作的推进及官员问责制有效遏制了地方官员决策过程中忽视生态环境保护。中国多层级环境治理能力的提升还需要提高政府环境执法能力，通过对违规行为的处罚和对合规行为的激励，提高企业的社会责任和环境责任，提高公众的环保意识。此外，开展环境教育、研究和培训也有助于提升中国的多层级环境治理能力。

第七章　区域规划：面向可持续性的区域治理建议

进入 21 世纪以来，区域规划一直是作为面向可持续性的区域治理建议，并伴随国家的转型而发展出一些中国特色。本书第四章至第六章对东北和长三角地区进行了多维度路径资产分析，本章旨在分析上述两个地区的区域规划实践，以反映中国的多层级治理动态并理解区域治理过程。本章也将回顾中国规划理论与实践的发展，重点聚焦于区域规划。为了更好地理解规划实践的发展，本章将从背景介绍开始，遵循以下次序展开：本章第一节内容将对中国区域规划进行简要介绍，首先介绍规划的背景，对中国规划进行历史概述（标题一），接下来介绍中国区域规划的特点、变化和连续性（标题二），最后介绍 21 世纪以来的规划方法（标题三）。本章第二节内容是对东北和长三角地区区域规划实践的案例研究。最后，本章第三节将在前面两节内容的基础上，从理论和实践分析中得出关于中国区域规划的结论。

第一节
我国区域规划的演进

区域规划是政府干预和协调区域关系的重要手段之一。我国的区域规划始于 20 世纪 50 年代，在改革开放后不断发展，作为国家空间治理的重要组成部分，区域规划因其对综合性空间管理和空间协调的积极影响，在

区域经济地理分析：
基于区域能力的空间实证检验

2000年以来再次成为中国政府区域治理的有效手段。自"十一五"规划（2006—2010年）起，区域规划作为国家战略纳入了国家五年规划，在国家层面，由国家发展改革委统筹、国务院批复。经历了2010年后经济、社会、环境治理并重的区域规划调整，2020—2022年，区域规划作为四类规划之一，正在参与构建新时代"三级四类"国家规划体系。

一、20世纪50—70年代的区域规划尝试

中国首次进行区域规划的重大尝试是在"一五"计划（1953—1957年）时期，在区域范围内将新的重点工业项目从沿海省份转移到了内陆地区，重点是城市区域的重工业增长，位于东北地区的鞍山在此期间成为中国三大钢铁加工中心之一。1958年，为协调省际经济关系，中央政府将全国划分为7个经济协作区，规划重点从全国转向了经济协作区，在此意义上也就具有了区域规划的基本特征，可以说中国经济在70年代就已经区域化了。整体而言，1978年之前的区域规划是提高整体经济效率的一种手段。

70年代后期，我国地理学家提出以最大限度利用当地人力和自然资源为重点的国土规划。国土规划借鉴了国内外的经验，包括中国早期的河流治理和土地调查实践，以及日本和英国的土地利用规划体系。作为中国首次真正将经济和环境融入规划实践的尝试，国土规划在国家、区域和地方层面运作，并在80—90年代初期对中国社会主义规划体系改革发挥了重要作用，然而由于缺乏合法性，大多数国土规划实际上只是作为规划文件保留了下来，并没有发挥其作用（胡序威，2006；Wang和Hague，1993）。

二、20世纪80—90年代区域规划的被动适应

80—90年代，我国从计划经济向市场经济转型，这一时期的区域规划主要根据各级行政区域（如市或省）来制定，很少根据区域经济联系进行规划，规划模式从以资源为主向经济、人口、环境的综合性转变，但人口、资源、环境和经济发展的主要矛盾尚未解决，在规划设计和实施过程中以

政府统一指挥和统一行动为主，忽视了市场对企业资源配置的引导作用，一些区域发展规划与国民经济规划相似，过分强调经济增长率等定量指标，却忽视了增长和效率的质性指标(毛汉英和方创琳，1997)。

随着经济和人口的快速增长，由于缺乏战略规划，城市和区域发展面临越来越多的问题。基于中国的城市总体规划缺乏区域分析、长期展望和具体实施计划，彼得·萨伦巴(1986)建议中国在编制城市总体规划前先制定区域规划和长期规划。一直以来，城市规划领域都支持区域规划，20世纪90年代末兴起的城市区域规划本质上是高度城市化地区的区域规划(胡序威，2008)。但是，区域规划与城市总体规划之间存在矛盾(崔功豪，2002)。例如，由建设部组织的城市规划、由原国土资源部组织的国土规划、由国家发展改革委组织的区域规划，三者是分开进行的，缺乏规划间的协调，导致了内容相似的大量重复工作，造成了规划资源的浪费(胡序威，2006)。造成上述问题的根本原因在于，当时国家未能在全国建立区域规划制度。作为对中国改革的被动反应，规划在指导城市发展和增长管理方面效果较差，表现为城市总体规划往往滞后于国家和地方层面的改革，必须不断修订以适应改革的新方向、而不是指导发展和政策，由于缺乏合理规划的指导，导致了中国城市发展和新建项目的混乱(Wei，2005)。

90年代末，我国的规划师们意识到战略规划的重要性，城市和区域战略规划成为国外战略规划理论与国内实际相结合的努力(罗震东等，2019)。通过战略规划的编制，国家和地方政府重申了其在区域治理和地方治理中的重要职能，战略规划虽然可以重新定位一个地区在国家甚至全球发展格局中的地位，但也可能掩盖了主要城市区域内部日益激烈的竞争(Xu，2008)。胡序威(2008)聚焦于区域和城市发展问题，系统论述了国土开发、区域规划、城市化与城市发展的区域研究、区域与城市发展等我国区域规划的理论与实践。

三、2000—2020年区域规划的再兴

21世纪初期，各省市间出现了有违区域协调发展的破坏性竞争迹象，

区域经济地理分析：
基于区域能力的空间实证检验

在国内生产总值、招商引资等领域的无序竞争加剧，阻碍了区域协调发展进程，加之因污染源控制不力而在一定程度上加剧了环境污染，例如因上游省市排污而造成下游省市的水污染等。这一时期的区域规划一般包括区域总体定位与发展目标、产业分工与空间布局、城市体系建设、基础设施建设与配置、资源开发与保护、环境保护与生态建设、空间治理和区域政策建议等。随着区域间发展问题的增多，亟须通过制定新的区域规划来寻找有效的治理措施。

为防止省市间的破坏性竞争、促进区域协调发展，自"十一五"以来区域规划纳入国家国民经济和社会发展规划（即五年规划）①，成为国家区域发展的指导方针。五年规划的规划过程代表了信息收集、分析、政策制定、政策实施、评估和修订的五年政策周期（Heilmann 和 Melton，2013：601）。自"十一五"规划（2006—2010年）起在环境保护和土地管理等领域引入了新型的约束性规划目标，以加强党对行政行为的影响。伴随"十一五"规划的实施，五年规划重新成为我国空间治理中协调和监督经济与公共政策的核心，而区域规划作为我国区域治理的起点，为区域可持续发展提供了动力。2020年8月，习近平主席在经济社会领域专家座谈会上指出："用中长期规划指导经济社会发展，是我们党治国理政的一种重要方式。从1953年开始，我国已经编制实施了13个五年规划（计划），其中改革开放以来编制实施8个。""十一五"和"十二五"（2011—2015年）期间，促进区域协调发展成为国家总体战略之一，尤其是振兴东北老工业基地、支持长三角等东部沿海地区作为国家区域发展战略的龙头，与本书第七章第二节内容中将要分析的区域规划实践案例研究密切相关。

"十三五"（2016—2020年）时期，新时代"三级四类"国家规划体系整体框架已初步构建，国家发展规划与国土空间规划定位相对明确，但专项规划与区域规划的定位、结构与衔接机制还有待完善（沈悦等，2021）。

---

① 国民经济和社会发展规划按行政层级划分为国家级规划、省（区、市）级规划、市县级规划；按对象和功能类别分为总体规划、专项规划、区域规划（国务院，2005）。

第七章　区域规划：面向可持续性的区域治理建议

2018年9月，《关于统一规划体系更好发挥国家发展规划战略导向作用的意见》将规划实践中形成的成功经验上升为制度安排，为规划体系的发展和完善提供了根本遵循。

2021年，我国正加快建立以"十四五"规划纲要为统领，以空间规划为基础，以专项规划、区域规划为支撑，由国家、省、市县各级规划共同组成的"三级四类"国家规划体系。其中，国家发展规划居于规划体系最上位，由国务院组织编制，是其他各级各类规划的总遵循。国家级区域规划要细化落实国家发展规划对特定区域提出的战略任务，由国务院有关部门编制，在报请审批前须就规划目标、重大政策、项目布局、风险防控等与"十四五"规划纲要衔接，报国务院审批。

四、区域规划作为区域治理的工具

根据第二章的理论框架，本书认为区域规划既是区域能力提升的工具，也是区域治理的工具，区域能力的提升可以通过区域规划的实施来实现。区域规划可以通过建立新的合作网络或加强现有的行动者之间的横向（区域层面）和纵向（自上而下和自下而上，国家、省、地方之间）合作网络来促进区域治理。区域规划不仅可以提供以可持续发展为目标的区域规划蓝图，还可以提供迈向区域可持续性的具体区域政策、项目或计划，从而促进区域可持续发展。

区域规划反映了与中国区域政策相一致的国家政治决策。跨省的区域规划，也称为国家级区域规划，"是国家总体规划、重大国家战略在特定区域的细化落实"，"由国务院发展改革部门会同国务院有关部门和区域内省（自治区、直辖市）人民政府组织编制"，"国务院发展改革部门负责国家级区域规划的组织协调"，作为省级总体规划和专项规划的基础（国务院，2015）。事实上，中国的区域规划编制不具有城市总体规划的法律地位，但因国务院是中国国家权力和行政的最高机关，因此区域规划由国务院审批而被认为具有准法律地位。

区域经济地理分析：
基于区域能力的空间实证检验

从本质上讲，区域协调发展作为中国所有地区的共同目标，也符合区域可持续发展的要求，环境污染也需要区域规划提供跨省协调策略。经国务院审批的区域规划是省级总体规划和专项规划的基础，区域规划作为国家发展规划的一个类别，可以随着五年规划周期及时发现并纠正问题，为一个地区找到合适的解决方案。一言以蔽之，区域规划在空间治理中发挥着重要作用，实际上也是中国国家发展的指导方针，这与区域规划作为国家相关区域政策的重要依据是内在一致的。

试点项目、主体功能区规划、参与式规划是 21 世纪以来中国区域规划的新方法，既涵盖了中国特色，又借鉴了发达国家的规划经验，以下将分别予以介绍。

(一) 区域规划自下而上调整试点项目

自"十一五"(2006—2010 年)以来，国家发展改革委已将区域规划试点项目作为区域规划过程自下而上调整的一种措施。事实上，中国政府从 2001 年起就已经将试点项目作为促进区域可持续发展的途径，建立符合中国 21 世纪议程、具有区域特点的国家可持续发展试验区和生态示范区。由于中国行政等级制度下的改革试点不仅仅是一个试错的过程，也是一个目标明确的管控过程，也就是说，国家发展改革委的试点项目在本质上是与中国的国家规划目标相一致的。因此，试点项目旨在将国家和地方政策联系起来，并使地方政策激励与中央政策目标保持一致。通过在区域和地方层面实施试点规划项目，国家发展改革委可以从"与可行的政策工具相关的本地知识"中获得反馈，并采取"有效的纠错机制"(Heilmann 和 Melton，2013)。自 2005 年起，国家发展改革委尝试将区域发展规划与权力下放试点项目系统地结合起来，并初步形成了包括国家综合配套试点改革、国家重大专项改革、国家发展改革委与省级综合配套试点改革在内的多层级改革试点体系。

试点项目可以作为一种具有中国特色的规划方式。试点项目的意义在于它提供了一个由实施项目、发现问题、尝试各种解决方案、总结经验教训和推广至全国广泛应用的学习过程。从这一意义上讲，试点项目可以找到适合中国特色的规划新方式，丰富中国区域规划实践的发展。

(二) 主体功能区规划

"十一五"规划(2006—2010年)倡导将主体功能区作为促进区域协调发展的重要战略，《全国主体功能区规划》是"十一五"以来中国政府在国家战略层面对区域发展规划领域的重要尝试。《全国主体功能区规划》的主旨是在中国区域发展规划的空间分类中以功能性原则代替行政性原则。

"十一五"规划将地理分区方法运用到切实可行的国家五年规划中，依据各地区的资源环境承载能力、现有发展密度和发展潜力，将土地空间划分为优化开发区、重点开发区、限制开发区和禁止开发区四类主体功能区。相应地，应基于不同类型的主体功能区来进行区域政策和绩效评估。《全国主体功能区规划》是经国务院批准的国家级规划，它不仅开创了我国区域规划领域以功能性原则代替行政性原则的先河，也为包括区域规划在内的中国各类空间规划制定了战略性、基础性、约束性的规划纲要。

2005—2015年，中国快速的工业化和城市化进程导致了工业空间过度扩张，环境恶化且污染严重。在这种情况下，中国的区域发展不应仅着眼于经济指标的数量增长，而应着眼于区域空间结构的调整。对于未来中国区域发展规划必不可少的区域内部空间结构调整，主体功能区作为一种新的分区规划方式，强调区域主体功能，并将该地区的自然生态系统与人类的社会经济需求相结合，一个区域未来的发展路径则是基于该地区的功能定位。主体功能区这种做法的关键在于，在保证区域内产业空间适当调整的同时，也保证了生活空间和生态空间的充足。从这一意义上讲，这种方法可能有助于制止中国区域发展过程中存在的土地利用和资源开发的无序现象，并向着区域可持续发展迈出第一步。

(三) 参与式规划

西方的沟通协作规划理论也被集成到与公众参与相关的中国规划中，例如，参与式发展规划、环境影响评价规划公开听证会、城市规划的公众

区域经济地理分析：
基于区域能力的空间实证检验

参与。鉴于中国对参与过程的研究主要集中在城市规划领域的公众参与，胡序威（2002）指出，中国的区域规划作为区域发展的指导方针，必须重视公众参与。自"十一五"规划以来的五年规划也将公众参与纳入国家、省及地方各级的规划过程中。例如，在国家层面，国家发展改革委在其网站上开展了请人民群众为规划建言献策专题活动，公众可以通过网络留言或电子邮件等方式发表意见或评论。省和地方层面的情况类似，在省或地方政府的官方主页上也设有在线留言等公众参与的机会。

然而，在中国，即使在被认为比区域规划有更多参与机会的城市规划领域，公众参与依然不足。虽然公众参与也发生在规划制度层面（Zhang，2001），但根据阿恩斯坦的公众参与阶梯①（Arnstein，1969），中国城市规划实践中的公众参与主要位于第三级——告知。换言之，中国城市规划中的公众参与还处于起步阶段（朱芒，2004），公众对城市规划过程的参与只是有限的和间接的（Zhang，2001）。

尽管西方发达国家将公众参与和社区规划视为城市规划的核心价值，朱介鸣（2012）认为，中国等处于城市化过程中的发展中国家在规划实践中，不应在不了解其背景的情况下照搬西方的规划理论，并认为对于像中国这样的发展中国家而言，加强区划系统比公众参与更加重要。事实上，很难将西方理论直接应用到中国的案例中，尤其是在不具备所用理论的一些隐含假设（如民主政治制度）的情况下。在中国的特殊国情中，协商主要发生在政府机构之间，在这一情境下，公众参与不具有真正的意义（Yeh和Wu，1999）。因此，西方理论可能需要进行根本性的调整，才能成为解释中国区域重组的有用工具（Wei和Liefner，2012）。

在我国的区域规划领域，公众参与才刚刚起步。自2005年以来，公众表达意见和建议的机会越来越多，例如上文中提到的公众参与五年规划过程的机会，这是区域规划领域取得的一个积极进展。作为一名区域规划

---

① 美国学者谢里·阿恩斯坦（Sherry Arnstein）根据公众参与程度，将公众参与划分为8个层次，由低往高依次为：操纵、引导、告知、咨询、劝解、合作、授权、公众控制。

师，我相信未来中国规划领域会有更多公众参与的机会，公众也可以从参与过程中学习，积累规划知识和经验，为未来的参与活动作出贡献。

本书这部分内容简要介绍了在中国区域规划领域相关的三种规划方法——区域规划试点项目、主体功能区规划以及参与式规划，以更好地了解21世纪以来中国区域规划的变化和进展。这三种规划方法要么是具有中国特色的独创性规划方法，要么是在借鉴发达国家规划经验的基础上发展而来。在对中国区域规划进行介绍和讨论的基础上，本章接下来将重点对东北地区和长三角地区的区域规划实践进行案例研究。

第二节
案例研究：东北和长三角地区的区域规划实践

本节的案例研究内容将分别分析东北和长三角地区的区域规划实践，最后在本节结尾对案例研究的一些主要发现进行总结。在每个地区的案例研究中，首先从该地区的区域规划背景入手，然后分析该地区的区域规划实践，重点关注由国家发展改革委在各地区协调的区域规划项目。

一、东北地区的区域规划实践

东北地区自20世纪50年代以来便是中国的国家制造业基地，在1978年改革开放政策实施之前，东北地区在当时的计划经济体制下，对国民经济作出了巨大的贡献。然而，自80年代以来，由于在市场经济领域表现不佳，东北地区逐渐失去了作为全国领先工业区的地位，成为经济衰退的区域，并由此带来了一些社会问题。因此，以东北地区为代表的我国老工业基地的区域可持续性，既是我国实现区域协调发展的国家战略的内在要求，也是实现我国可持续发展的重要使命。考虑到作者作为规划师的工作经验主要局限在长三角地区，在实践中还没有参与过东北地区的规划项目，因此，这部分内容将主要基于参考文献、访谈、实地考察以及其他学者在会议上的陈述。

（一）背景：东北现象与振兴东北

"东北现象"一词自1991年由中国学者冯舜华(1991)提出以来①，被广泛用于描述东北地区的区域经济衰退，也引起了中国政府的关注。从表面上看，东北现象代表了东北三省经济地位的相对下降；从本质上讲，东北现象是一个与去工业化相关的长期问题(Li 和 Nipper, 2009)。总的来说，东北现象是东北地区的区域发展问题，导致该地区在多年的繁荣发展后遭遇衰退，形成了独特的区域发展道路。

在从计划经济到市场经济的转型过程中，东北地区作为计划经济实体化程度较高的地区，未能保持区域经济活力。例如，东北地区的国有企业习惯于听从企业领导的指示，对市场信号没有积极反应，甚至根本不关注市场。而且，在长期的计划经济下，东北地区的国有企业已经习惯于等待、依赖和请求国家的财政资金、补贴和政策支持，尽管大多数学者认为，东北地区应着眼于建立具有开放、统一、透明的市场运作规则的新型市场经济，而不是依靠中央政府的优惠政策或资金。因此，由于受原有计划经济体制影响较大，东北地区的企业，尤其是国有企业以及各省政府、地方政府在转型过程中缺乏自我更新动力，能力建设不足，由此导致东北地区的大中型国有企业改革并没有摆脱计划经济的传统观念，而只是体现出强烈的路径依赖。换言之，与长三角地区或中国其他沿海地区相比，东北地区除了计划经济以外，还缺乏多元化的经济要素。从这一意义上讲，由于对计划经济的路径依赖程度相对较强，东北地区更加难以摆脱长期存在的计划经济的束缚。因此，尽管自20世纪90年代以来已经开展了许多研究和讨论，但时至今日，东北地区的转型仍然是中国政府面临的一个问题，并且中国学者仍在对东北地区的转型升级进行研究讨论。

---

① 冯舜华(1991)研究发现，当时中央经济紧缩政策对中国各地区经济发展影响的差异极为悬殊，其中东北地区是最困难的，辽宁、吉林、黑龙江三省传统的老工业基地出现了零增长和负增长的现象且难以走出低谷，同时地方财政赤字十分严重，尚无根本改善迹象，他由此提出"东北现象"一词，用以描述20世纪90年代初我国东北地区面临的极端困难的区域发展局面。

第七章　区域规划：面向可持续性的区域治理建议

从产业结构来看，东北现象作为一种结构性危机（陆大道等，1999）反映了东北地区自20世纪50年代以来作为中国的重工业基地，导致了不利的区域产业结构，钢铁、石油、石化、造船、机床和汽车制造等重工业产能过剩。一方面，一些以自然资源开采为基础的老工业城市形成了地面塌陷或沉降等严重的环境破坏，由于矿产资源的枯竭，这些城市面临的再就业和环境保护压力也越来越大。虽然国家政策在一定程度上支持了这些城市，但问题还没有得到根本解决。另一方面，钢铁、石油、石化、机床、汽车制造、能源等重工业以大中型国有企业为主，普遍存在厂房老化、资金短缺、企业利润低等问题。更重要的是，国有企业严重依赖国家产业政策和安排，自主发展和创新能力不足。总之，东北地区既缺乏企业家精神，又缺乏重商主义。

许多研究聚焦于振兴东北的战略，包括调整经济结构、区域协调和制度创新，意在改变老制造基地的命运。此外，还有一些特别关注东北现象的文化视角和东北文化振兴的研究。一般认为，东北地区的制造业对中国的未来仍然至关重要，而且中国政府似乎试图重建该地区的制造业，并出于国家安全原因，希望东北地区继续作为制造业的一个核心（Li 和 Nipper，2009）。

2003年以来，中央政府高度重视东北振兴，政策优惠和制度手段相辅相成。一方面，自2003年10月以来，振兴东北一直是中国的一项国策。另一方面，国务院于2003年12月成立了振兴东北等老工业基地领导小组，由国务院总理担任组长。2008年国务院机构改革后，随着国家发展改革委地区振兴司的成立，领导小组的职责转移到了国家发展改革委。

(二) 东北地区振兴规划

《东北地区振兴规划》于2006年启动编制，2007年8月由国家发展改革委、国务院振兴东北地区等老工业基地领导小组办公室颁布，是一项促进东北地区协调发展的区域规划项目。该项规划的编制以《中共中央国务院关于实施东北地区等老工业基地振兴战略的若干意见》和《中华人民共和

区域经济地理分析：
基于区域能力的空间实证检验

国国民经济和社会发展第十一个五年规划纲要》为依据，重点关注"十一五"（2006—2010年）期间东北地区区域发展，并对关键问题展望至2020年。该项规划对东北地区的定位为："具有国际竞争力的装备制造业基地、国家新型原材料和能源保障基地、国家重要商品粮和农牧业生产基地、国家重要的技术研发与创新基地、国家生态安全的重要保障区。"（国家发展改革委，2007）

《东北地区振兴规划》的规划过程几乎完全由政府主导，缺乏公众参与。政府作为主导者，不仅在准备期间几乎决定了所有事情，而且还单独制定了该项规划。整个规划的编制过程中几乎找不到公众参与的线索，公众甚至根本不了解规划的过程。该地区的市民只能通过新闻以及大众媒体（如报纸或互联网）的报道，有限地了解该规划的发布。

国家发展改革委在《东北地区振兴规划》中也沿用了"借鉴发达国家经验"的中国式规划方法。2007年6月，国家发展改革委组织东北各省发展改革委政府官员和学术机构学者代表团访问德国，学习德国去工业化经验的理论和实践。代表团访问了鲁尔区的埃森、奥伯豪森、杜伊斯堡、多特蒙德以及位于加兹韦勒的露天褐煤矿，并与德国科隆大学的专家进行了座谈[①]。在考察过程中，考察团了解到鲁尔区走出去工业化的三个途径：一是吸引欧盟投资，将原有工业区作为文化遗产加以保护；二是将旧厂房改造为公园，以及配备运动休闲设施的公共区域；三是将厂区改造为现代中央商务区，通过产业升级吸引新的就业[②]。当时中国考察团认为借鉴上述经验对他们有帮助，他们将考虑和讨论其在中国的可行性。

(三)《东北地区振兴规划》之后的规划热情

《东北地区振兴规划》在东北地区的地方政府和省政府中引起了很大的规划热情。在此之前，东北地区各级政府的兴趣在于如何获得国家对地方

[①] 当时，本人是科隆大学地理系的访问学者，在国家发展改革委考察团访问德国期间，本人作为考察团的翻译，陪同考察团一起去上述地区考察。曾在科隆大学地理系工作的Josef Nipper教授和Johannes Hamhaber教授与代表团分享了德国鲁尔区的去工业化经验，并就考察团提出的问题与他们进行了讨论。

[②] 科隆大学Johannes Hamhaber博士介绍了这三种方式作为德国鲁尔区走出去工业化的经验。

第七章 区域规划： 面向可持续性的区域治理建议

特定行业或项目的投资，而在此规划颁布之后，东北地区的一些地方政府和省政府开始要求中央政府批复一些与地方发展相关的规划项目。其主要原因是，自2007年8月国务院批复《东北地区振兴规划》以来，振兴东北上升为国家战略，东北地区各省政府、地方政府将直接或间接受益于国家的优惠政策。一言以蔽之，地方政府真正需要的是规划背后的潜在的国家或区域优惠政策，这也是为什么在《东北地区振兴规划》实施后，东北地区的一些地方和省级政府对规划项目表现出极大热情的根本原因，尽管这可能仅仅是表面上的规划热情。

伴随着上述地方政府的规划热情，《东北地区振兴规划》出台后，东北地区的规划热火朝天的展开。与《东北地区振兴规划》相衔接，仅在2009年，国务院就批复了东北三省地方、省或区域发展的若干新规划项目，包括2009年4月批复的在黑龙江省设立绥芬河综合保税区、2009年7月批复的《辽宁沿海经济带发展规划》(2009—2020年)，2009年8月批复的《中国图们江区域合作开发规划纲要——以长吉图为开发开放先导区》(2009—2020年)。这是东北三省首次几乎同时在区域发展规划中主动出击，并将他们的地区发展倡议升级为国家批准，这也意味着东北三省政府有意获得中央政府对推进省域和地方规划的优厚政策支持，而这些规划项目背后是省域及地方的发展。事实上，所有这些规划项目都是按照《东北地区振兴规划》进行的。此外，在2009年9月，《国务院关于进一步实施东北地区等老工业基地振兴战略的若干意见》(国务院，2009)提出了与上述规划项目相关的多项东北地区的发展意见，涵盖经济结构、产业创新、现代农业、基础设施、资源型城市转型、生态保护、社会民生、跨省合作、深化改革诸多方面。

作为对上述规划热情的延续，进入2010年代，东北地区继续实施了多种区域规划项目，主要有以下三大类：第一类是重点推进东北地区跨国区域合作的规划项目，以《中国东北地区同俄罗斯远东及东西伯利亚地区合作规划纲要(2009—2018年)》《中国东北地区面向东北亚区域开放规划纲

151

要（2012—2020年）》等为代表。第二类是综合性及行业五年规划，例如，《东北振兴"十二五"规划（2011—2015年）》（国家发展改革委，2012）及其行业五年规划如"十二五"旅游规划、"十二五"物流规划等。第三类是环境保护与资源管理区域专项规划项目，包括《大小兴安岭林区生态保护与经济转型规划（2010—2020年）》《松花江流域综合规划（2012—2030年）》等。

但是，在各项规划的区域合作方面，尤其是东北地区三省的跨省协调方面，还存在一些不足。例如，本书这一部分前面提到的2009年国务院批复的三个规划项目，虽然它们都属于东北地区，但其主要规划目标却大相径庭。尽管这三项规划的用词并不完全相同，但至少他们都想发挥当地的潜力，成为东北亚的发展引擎。如果东北三省都为实现这一目标而努力，很可能与《长江三角洲地区区域规划》出台之前的长三角地区情况类似，即城市间、各省之间在投资、资源、地方工业园区和基础设施建设等方面竞争加剧的既成事实。因此，重要的是要在实践中找到解决方案，让东北三省在不过度竞争的情况下，协调其主要规划目标与行动。

值得庆幸的是，《国务院关于进一步实施东北地区等老工业基地振兴战略的若干意见》（国务院，2009）印发以来，东北地区的区域协调工作取得了一些进展。例如，自2010年起建立了东北地区行政首长协调机制，每年召开东北地区行政首长联席会议，定期研究协调跨省区重大基础设施项目建设、产业布局以及区域协调发展等问题，并对老工业基地调整改造的重大事项提出意见和建议。

二、长三角地区的区域规划实践

（一）背景：20世纪80年代以来长三角地区的内生型城际合作

随着中国改革开放政策的推进，自80年代以来，长三角地区城市间合作不断拓展，可以将其理解为长三角地区区域规划的内生动力。

1981年，一百多位专家学者齐聚江苏省无锡市，共商长三角地区的未来经济，并得出以下结论：江浙沪两省一市应合作研究长三角地区的农业

第七章　区域规划：面向可持续性的区域治理建议

区、工业网络和城市配置，并基于自然和经济的视角，制定一项新的规划（White，1998）。1982年10月，当时的国务院总理提出建设上海经济区，以克服政府部门自上而下的部门管理与省、地方政府属地管理的划分，国务院于1982年12月22日原则上批准设立上海经济区，包括江苏省4座城市（苏州、无锡、常州、南通）、浙江省5座城市（杭州、嘉兴、绍兴、湖州、宁波）以及上海市（White，1998）。此后十年，长三角内生型城际合作取得进一步进展，新加入了4座城市（江苏省南京、镇江、扬州和浙江省舟山），与前面10座城市一起共14座城市。1992—1996年期间，长三角地区14座城市的城市协作办公室主任每年举行一次联席会议。此外，在上述年度联席会议的推动下，1996年自发成立了长三角地区新的城市间合作协调组织——长江三角洲城市经济协调会。

长江三角洲城市经济协调会是中国第一个区域合作组织，并在上海设有独立的办公室，作为长三角地区的城市间合作机制，每年召开一次成员城市市长联席会议。自2003年以来，长江三角洲城市经济协调会还获得了国家发展改革委区域经济司的支持，其副司长参加了年度联席会议。此外，2009年，长江三角洲城市经济协调会在上海复旦大学成立了长三角城市合作研究中心。

总之，自80年代以来，长三角地区城市间的协调与合作在区域内城市的自愿推动下，在过去的几十年里不断深化，国家发展改革委的支持体现了中国政府对长三角地区在区域发展与合作方面取得的进展。

(二)《长江三角洲地区区域规划》之前的规划实践和政策咨询

除了国家发展改革委协调的《长江三角洲地区区域规划》之外，进入21世纪以来，长三角区域内的两省（江苏省和浙江省）和一个直辖市（上海市）也有越来越多的新规划项目。以江苏省为例，除了五年规划之外，还有许多具有区域规划特点的规划，例如《江苏省沿江地区产业发展规划》《江苏省沿江开发总体规划（2001—2010年）》《江苏省沿海开发总体规划（2005—2015年）》《江苏沿海地区发展规划（2009—2020年）》，以及于2002年启动

区域经济地理分析：
基于区域能力的空间实证检验

的江苏省内的三大都市圈规划，包括《南京都市圈规划（2002—2020 年）》《徐州都市圈规划》和《苏锡常都市圈规划》。

事实上，进入 21 世纪以来，战略规划在省级和地方层面变得越来越流行。例如，在省级层面，2006 年江苏省发展改革委和日本东京经济大学制定了《江苏省沿江地区港口发展战略规划》。在地方层面，除了每个城市各自的城市总体规划，江苏省的主要城市如南京、苏州、无锡、南通等，都制定了自身的战略规划，有的城市甚至为该市某一个部分或某个区也制定了战略规划，如苏州市为苏州工业园区制定了发展战略规划，扬州市为广陵区制定了发展战略规划。南通市甚至在三年内启动了两个战略规划项目：《南通市战略规划（2005）》①和《南通在长江三角洲的发展战略规划》②（美国规划协会等，2006）。

尤其是地方政府，在实际工作领域中，符合战略规划理念的战略思维方式也开始流行。除了现有的战略规划，一些地方政府将战略规划的兴趣扩展到特定主题，并以战略规划的精神为特定的规划项目提供资金。例如，苏州市政府于 2003 年启动了苏州市内河交通战略研究项目③。

尽管倾向于战略思考与战略规划，但不同的规划团队针对同一规划主题提出的不同战略，可能会使地方政府更加困惑。地方政府为了挑选不同的策略用于未来的决策，有时会邀请独立的规划团队分别为同一个规划项目工作，并要求每个团队提交自己的最终报告。而事实上，地方政府收到的规划报告可能在侧重点、内容、风格和可行性上都大不相同，这使得地方政府更难以确定未来决策的策略。例如，苏州市规划局在 2002 年编制《苏州市发展战略规划》项目时，南京大学和清华大学的两个规划团队就同

---

① 《南通市战略规划（2005）》项目于 2003 年启动，2005 年完成，由南通市发展改革委与中国科学院南京地理与湖泊研究所中科城市与区域研究中心共同制定，本人参与了该项目并负责发展方向和战略部分。
② 《南通在长江三角洲的发展战略规划》是由南通市规划局统筹的规划项目。南通市规划局于 2004 年委托美国规划协会编制《南通在长江三角洲的发展战略规划》，项目经暂停后，于 2005 年 7 月重新启动。项目团队包括美国规划协会（American Planning Association，APA）、里夫金协会（Rivkin Associates）、杜兰地区城市设计中心（Tulane Regional Urban Design Center）、矩阵集团（the Matrix Group）。（来源：美国规划协会等，2006）
③ 该项目由中国科学院南京地理与湖泊研究所中科城市与区域研究中心于 2003 年 12 月完成，本人参与了该项目。

第七章 区域规划：面向可持续性的区域治理建议

一课题独立开展工作，并分别出具了规划报告[1]。对于当地政府来说，即使有两份报告的初衷可能更利于决策的准备，但事实上，从两份不同的规划报告中找到解决方案并不容易，因为两份报告的内容完全不同。清华大学团队完成的报告看起来像一本规划图集，有很多复杂的规划图，而另一份报告则主要由文字组成，分析了发展背景、现状、问题和机遇、未来发展重点、空间、产业和城市发展的发展战略以及几张相关的规划图。正因如此，当地政府单单从一份报告中提出解决方案而拒绝另一份报告并不容易，但在实践中要将两份报告综合运用则更加困难。从这一意义上讲，不同的规划团队和当地政府之间可能仍有必要进行一定程度上的基本协调，以获得可行的规划建议和报告。

自2002年以来，本人作为规划师参与了40余项长三角地区地方、省、区各级的城市和区域发展规划项目，包括上文中提及的多个规划项目。在个人看来，城市和区域规划项目一般都非常依赖政府资源，就连《长江三角洲地区区域规划》也不例外。尤其是几乎所有的战略规划项目都严重依赖地方或省级政府，这或多或少反映了规划本身的省级或地方主义。更重要的是，鉴于中国的战略规划作为非法定规划，地方或省级政府仍然在战略规划的编制中发挥主导作用，这导致规划实践受制于地方政府。例如，地方或省级政府可以指导甚至操纵地方经济增长的目标和规划标准（Wu和Zhang，2007），市长等精英行动者在政治精英主义背景下对发展愿景或轨迹的塑造具有影响力。换言之，在21世纪之初，长三角地区的地方政治精英将规划项目视为强化自身发展理念和获得竞争优势的机会（Wong et al.，2008）。

至少可以说，作为社会基础狭窄、与当地居民接触较少的地方政治领导人的使命宣言，战略规划在很大程度上只是作为一个地区或城市的口号或面向未来的形象，而地方政治领导人很少关注战略规划的实施。因此，

---

[1] 南京大学项目组于2002年10月完成了规划报告，清华大学项目组的规划报告则于2002年11月完成。

即使长三角地区已经有了各种贴上"区域"或"战略"标签的规划，但规划现实仍然忽视或回避多个利益集团之间的冲突，没有维护或增加公共利益（谷人旭和李广斌，2006）。总之，本书这部分内容中提及的规划项目大多是由地方或省的利益驱动的，因此除了规划的合理性或可行性外，或多或少地为代表省或地方利益的省级或地方政府服务。

随着 21 世纪以来长三角区域规划实践的蓬勃发展，政策咨询领域也出现了新的趋势。省级政府越来越多地邀请中央政府机构的政策研究人员（例如国家发展改革委宏观经济研究院）为他们制定区域发展战略和政策提供建议，这种政策咨询的新趋势有助于在并行的中央和地方政策计划中加强一致性，或至少避免矛盾（Heilmann 和 Melton，2013），这也有助于将负责计划实施的决策者与评估和监测过程分开。例如，为筹备"十一五"规划，江苏省发展改革委和江苏省委组织部邀请了国家发展改革委宏观经济研究院和发展规划司的政策研究员，于 2003 年 11 月 22 日至 23 日在江苏省市长发展规划座谈会上作报告。

此外，省和地方政府虽已意识到，为自己的省或市制定战略规划并不能解决环境污染、自然资源供应或基础设施提供等跨界问题（Wong et al.，2008），但在地方政府、省政府和中央政府分税制改革的情况下，鉴于可分享税收收入，地方和省级政府也鼓励进行城市间或省际协调。也就是说，针对行政碎片化的区域协调可以直接或间接地使区域内的城市和省份受益。在中国的省际区域协调方面，主要由国家发展改革委在国家层面发起响应区域规划项目，长三角地区的内生型城际合作在协调协商中发挥了积极的作用。

(三) 长江三角洲地区区域规划

作为中国"十一五"(2006—2010 年)区域规划项目，《长江三角洲地区区域规划》(国家发展改革委 2010)由国家发展改革委发起，经国务院授权发布。早在 2004 年 7 月，国家发展改革委就开始了规划的前期工作。2004 年 11 月，国家发展改革委正式宣布启动该规划，并随后上报国务院。2006

第七章 区域规划： 面向可持续性的区域治理建议

年11月，国家发展改革委在江苏省泰州市召开的长江经济带第七次会议上介绍了规划编制工作。国务院于2008年9月同意制定《长江三角洲地区区域规划》（国务院 2008），并于2010年5月正式批准实施。2010年10月，国家发展改革委会同国务院相关部门对《长江三角洲地区区域规划》的实施情况进行了实地督查。

根据《长江三角洲地区区域规划》，长三角地区不仅将巩固其作为中国领先地区的战略地位，而且将发展成为"亚太地区的重要国际门户""全球重要的现代服务业和先进制造业中心""具有较强国际竞争力的世界级城市群"（国家发展改革委，2010）。

《长江三角洲地区区域规划》与长三角其他规划项目的区别在于，上海、江苏和浙江从一开始就进行了跨省规划协调。例如，在江苏省，从2003年10月启动"十一五"规划纲要编制工作起，江苏省发展改革委就与上海市、浙江省协调了《长江三角洲地区区域规划》的江苏省部分，江苏省发展改革委也建立了以"十一五"规划为基础的绩效考核机制，作为江苏省内规划实施的制度保障。

自"十一五"规划以来，在长三角地区各规划的编制过程中，省级和地方层面的公众参与也活跃起来。以省级层面为例，据不完全统计，江苏省有400余名专家、学者和研究人员参与了"十一五"规划的前期研究，社会各界有3000余人对"十一五"规划提出了意见和建议。在地方层面，"十一五"规划以来的公众参与也有所增加。例如，2004年7月至10月底，无锡市发展改革委将经济发展、社会发展、城市建设、百姓生活共4个主题、近80个议题公开给市民进行讨论和参与，市民可通过邮政、电话或互联网方式联系无锡市发展改革委规划处。2010年8月，《无锡日报》设立了"我对十一五规划的意见和建议"专区，发布优秀建议，市民也可以在www.wxrb.com，www.wuxi.gov.cn等专区发表自己的建议。然而，尽管《长江三角洲地区区域规划》是"十一五"规划的一部分，但在《长江三角洲地区区域规划》编制过程中，公众的广泛参与仍然不足，而这几乎是当时长三角地区所有省级和地方战略规划项目的通病。

作为规划师，本人参与了《长江三角洲地区区域规划》的规划过程，并负责发展战略。在实际工作中，中央政府将区域规划作为省和地方当局之间空间和资源协调的工具，但这种努力仍然是以经济为驱动、以城市为重点，可持续发展和环境保护的原则普遍被肤浅地使用(Wong et al., 2008)。尽管区域规划有望超越现有行政边界，但经济区与行政区之间的冲突导致《长江三角洲地区区域规划》实施的困境，究其原因，是由于利益博弈，缺乏有效的跨区域组织结构的协作机制，也缺乏强有力的跨区域行政机构来监督实施。

三、案例研究的主要发现

在国家层面，进入21世纪以来，特别是"十一五"规划(2006—2010年)以来，区域规划一直是中央政府促进中国区域协调发展的国家政策工具。国家发展改革委在区域规划过程中起带头作用，发挥了重要的协调作用。

在区域层面，本节关于东北地区和长三角地区两个区域规划案例的研究中，区域规划以及区域协调制度都有助于区域可持续发展，但仍存在一些区域差异。一方面，区域规划作为可持续发展的工具，也是中国协调区域可持续发展的国家战略，尽管特定区域的规划目标和重点有所不同。例如，《长江三角洲地区区域规划》重点解决城市间竞争力、省际竞争力增强问题，而《东北地区振兴规划》则是加快国有企业改革动力、寻找出路摆脱东北现象。另一方面，区域协调制度有助于区域规划的实施。在长三角地区，在中央政府颁布《长江三角洲地区区域规划》之前，已经有很多区域规划实践，长江三角洲城市经济协调会是一个内生型城际协调区域制度，而东北地区则在《东北地区振兴规划》颁布之后更具有开创区域规划新时代的特征，自2010年起每年召开省际行政领导人联席会议。上述两个地区的行政领导人年度联席会议可以理解为一种由省级和地方政治领导人共同努力的区域治理形式,通过政府间的沟通来促进区域治理,以实现区域可持续性。

此外,在这两个案例研究中,区域规划过程仍然是由政府主导,缺乏公众参与,与英、美等西方国家有很大的不同,后者在规划之前和规划过程中会对利益相关者和多元化参与者进行大量的咨询。

第三节
小结

规划对中国的区域发展既必要又重要。区域规划可以给一个区域带来明确的发展目标,如果没有规划,区域就会迷失方向,可能会面临经济、社会、环境发展的混乱。

中国特色的区域规划代表了我国规划理论和规划实践的新发展。区域规划作为中央政府批准的国家五年规划的组成部分,遵循着五年规划的动态周期,有助于国家对于具体的目标进行适时调整与及时修正。

在我国,区域规划是协调区域发展冲突的一种管理方式,具有特定的重点和战略,区域规划的最终目标是区域可持续发展,尽管规划的内容因各区域而异。在一定程度上,区域环境掠夺是规划不善的结果。从这一意义上讲,区域可持续发展需要区域规划,因为区域规划作为区域治理的工具可以建立或提高实现区域可持续性的区域能力。虽然区域能力是区域分析的核心,区域分析由区域发展、区域可持续性和区域治理(包括规划)组成,但规划的作用绝非不重要(参见本书第二章第四节以及图 2.2)。相反,在我国,区域规划是国家协调区域发展的重要工具,这一点自"十一五"(2006—2010 年)规划以来尤为明显。目前,在五年规划中,区域规划与区域和国家政策相联系,是我国国家发展战略的组成部分。

然而,区域规划编制在我国并不具有法律地位。区域规划作为五年规划的一部分,由国务院审查批准,因而被认为具有"准法律地位",但其实施可能受制于依然较低的守法与执法水平。

　　整体而言，国家发展改革委是中国区域规划最重要的协调者，区域规划在我国仍然是一个由政府主导的实践过程。因此，中国的区域规划是自上而下编制的，公众参与较少。然而，考虑到我国幅员辽阔、人口众多的现实国情，将小尺度空间常采用的参与式规划方法普遍应用于宏观规划过程中仍具有相当大的难度，因而缺少公众参与也并未对我国区域规划的有效实施造成明显的困难。具有说服力的是，我国的政治制度使得规划的编制和实施均更有成效，因其大大减少了西方国家规划编制过程中耗时漫长的协商和说服，无论是在发展改革委体系内国家、省和地方层面的纵向协调，还是横向整合各省市之间，可以将其理解为一种"国家组织的参与"。

　　目前我国中央政府的区域管理职能较为分散，区域规划作为区域管理工具也受到一定程度的影响，最重要也是最难的一点是协调，包括国家、区域和地方各级规划的纵向协调和同一行政级别不同政府部门之间的横向协调，这也是规划有效实施的重要保证。

　　基于本书提出的区域能力分析方法，我国今后的区域规划总体目标可以定位于建设区域能力，或提升区域能力。书中采用的路径资产分析模型可以作为编制区域规划的前期研究基础，并为区域可持续治理提供了关联演化视角，有助于更好地把握区域资产和区域发展路径。

第八章 结论与展望

本书旨在通过分析区域能力为区域可持续发展研究作出理论贡献。为达成这一目的，在提供区域能力的初步理论概念（第二章）并将其作为基于能力的区域发展分析的新分析框架（第三章）基础上，本书还将该方法应用于实证研究（第四章至第七章），以我国东北和长三角两个地区为案例，对这两个区域进行了经济—社会—环境多维路径资产分析（第四章至第六章），分析了这两个地区的区域规划实践（第七章），为区域规划者、学者和政策制定者提供了一个新的视角，即通过在实践中分析区域能力来促进区域治理以实现区域可持续发展。

作为全书研究的结论，本章将按以下方式组织：首先，在本章第一节中，总结本书案例研究的实证结果和影响；接下来，在本章第二节中，将对区域能力作为区域分析的理论方法进行反思，包括其起源、定义、特征、适用性、局限性和贡献。然后，在本章第三节中，将基于书中的分析开发一种六步骤空间分析方法论，并讨论该方法论作为跨学科方法的应用，也将特别考虑基于能力的空间分析，其特征是关联演化视角下的路径资产分析。最后，在本章第四节中，认识到本书的局限性，提出一些开放性问题，并指出进一步研究的方向。

区域经济地理分析：
基于区域能力的空间实证检验

第一节
案例研究的实证结果和影响

本书基于关联演化视角，通过实证研究的案例分析来考察中国的区域发展，对东北和长三角地区进行包括经济维度、社会文化维度、环境维度在内的多维度路径资产分析（第四章至第六章），并分析了上述两个地区1978—2021年的区域规划实践（第七章）。本节内容将对案例研究的实证结果和启示进行总结。

一、东北地区的区域发展

本书的实证研究表明，东北地区的区域发展呈现出明显的外生动力，在很大程度上受国家政策的影响。因此，东北地区的区域经济主要是以自然资源开采为基础，第一产业的就业百分比相对较高，农、林、牧、渔业和采矿业的固定资产投资贡献均高于全国平均水平。20世纪50—70年代，国家曾组织大规模移民到东北地区开发北大荒，某种程度上可视为有计划的国家引导型的人口迁移。1978年改革开放政策实施以来，大量人口迁出了东北地区，仅2015—2020年东北地区自然增长以外的人口变动就减少了近1000万人（962.62万人）。自2000年以来，东北地区的人口密度低于全国平均水平，且与全国平均水平的差距不断扩大，2015年以来人口密度急剧下降。

事实上，历史上由国家主导的人口向东北地区迁移，一方面，将过去被称为"北大荒"的荒野沼泽地带变成现在的"北大仓"，养活了中国约六分之一的人口，以仅占中国十分之一左右的耕地，收获了中国四分之一的商品粮；另一方面，随着东北地区的土地开垦和数千个农场的建立，原始湿地面积显著减少，而自然灾害却在增加。

更重要的是，根据中央政府将东北地区建设为国家战略制造业基地的决定，自 20 世纪 50 年代以来，国家在东北地区建立了许多国有企业。在新中国成立初期计划经济体制下，国有企业在国民经济发展和工业化中发挥了重要作用，东北地区成为中国第一个国家重工业基地，曾是中国国家建设的引擎及工业发展的样板。但是，随着中国从计划经济向市场经济转型和改革开放政策的实施，东北地区逐渐失去了在国家经济中的主导地位。东北地区的国有企业延续了计划经济时代仅听从国家决策的发展方式而未能及时适应市场信号，这导致了 80 年代起东北地区由于在市场经济舞台上表现不佳而日渐失去其作为国家制造业基地的地位。自 90 年代以来，伴随中国市场经济体制改革的深化，东北地区的重工业经济却愈发停滞不前，区域经济衰退的迹象更加明显。

90 年代东北地区的衰退表明，由于区域内国有企业比例较高，使得东北地区从计划经济向市场经济转型存在困难，这实际上反映了东北地区对计划经济模式下区域发展的路径依赖和锁定。截至 2020 年年底，东北地区仍未能摆脱去工业化，而 2020 年东北固定资产投资总额占地区生产总值的比重仍高于 60%，反映了东北地区的区域经济增长主要由固定资产投资所驱动。

实际上，东北地区第二产业的就业比重在 1987 年达到 37.34% 的最大值后开始逐年下降，且下降的速度要远远快于第二产业占区域生产总值的百分比。受国家淘汰落后产能、国有企业破产重组改革的影响，1992—2002 年东北地区的城镇登记失业率大幅上升。1998 年以来东北地区第二产业就业比重低于 30%，2018 年以来低于 20%，2020 年仅为 18.53%，显示了明显的降工业化趋势。

尽管如此，东北地区的平均生活成本仍低于全国平均水平，尤其是食品、住房、家用商品和服务、交通和通讯的开销，而东北地区居民的人均消费水平相对较低，也符合其区域人均收入也相对较低的发展状况。

在东北地区低收入、低消费的生活模式之外，不断减少的人口是东北地区可持续发展面临的重大挑战。2012—2020 年东北地区人口呈负增长趋势，2015年人口自然增长率转负，2020年人口自然增长率仅-1.38‰。此外，东北地区必须摆脱资源密集型行业占比较高的区域经济路径依赖，而东北地区的国有企业改革在此过程中任重而道远，这是因为1978年以来国有企业对东北区域经济发展路径影响深远。企业是区域经济的重要参与者，虽然已经过多轮改制及民营化，但东北地区的国有企业数量占该区域企业总数的百分比仍远高于全国平均水平（约2.5倍），而2020年年底东北地区的企业数量仅占全国4%，但国有企业数量却超过全国总数的10%，显示出东北地区仍未能完全摆脱计划经济时期国有企业主导的路径依赖。

二、长三角地区的区域发展

本书的实证研究表明，长三角地区的区域发展路径兼具区域发展的内生动力和外生动力。

一方面，就外生动力而言，长三角地区得益于1978年以来的国家改革开放政策，特别是20世纪90年代在上海设立浦东新区、2013年设立中国（上海）自由贸易试验区、2019年长三角区域一体化升至国家战略，均促进了长三角地区享有对外贸易、投资（包括外商直接投资）、进出口等国家优惠政策。因此，长三角区域发展在很大程度上受益于这些有利的国家政策，这也促成了长三角自90年代以来便成为我国经济的区域增长引擎之一。

另一方面，内生动力支撑了长三角地区的经济繁荣。改革创新的地域文化在长三角地区的经济繁荣中发挥了重要作用，即使2012年以来国家宏观经济增速有所放缓，长三角地区仍是中国经济增长的领跑者，2002—2021年长三角地区每年对国家经济总量的贡献稳定在20%以上。经过近45年的改革开放，长三角地区已适应了市场经济体制，能够灵活、及时地响应市场信号。可以说，长三角地区现在的繁荣是历史积淀的结果，从几千年来种植水稻的农业富饶之地，到80年代自发设立乡镇企业，再到大力发展民营经济、鼓励创新创业，通过自筹产业发展资金等一系列改革尝试，形成现在的长三角产业集群。

长三角地区一直是最受中国居民青睐的居住地之一，1991—2020年，外来人口持续从其他地区迁移至长三角。2000—2020年，每年有100多万人进入长三角地区工作生活，人口增量累计达2 240.07万人，其中2019年超过120万人，2020年达126.13万人，为1978年以来的最高值，显示了长三角地区对人口流动的吸引力。长三角地区的人口吸引力在于其区域社会文化竞争力，包括较高的平均工资和收入、较高的生活水平、便捷的信息共享网络、中国领先的创意和创新、本地政府杰出的服务能力、便利的区域交通系统以及更多接受良好教育尤其是高等教育的机会。2020年，长三角本科院校约占全国总数的27%，中央部委下属的普通高校约18%位于长三角，显示了长三角地区的优质高等教育资源。因此，1978—2020年，长三角地区的人口密度一直是全国平均水平的5倍以上，2020年接近全国平均水平的6倍。长三角地区的外来人口为区域经济发展作出了贡献，而在日常生活的各种消费中，长三角地区的人均生活成本远高于全国平均水平和东北地区。

事实上，长三角地区作为气候变化的敏感地区，必须解决人口不断增加与区域可持续发展资源空间有限的矛盾。随着区域工业化和城镇化的推进，1991年以来长三角地区建设用地不断增加，2004—2015年长三角城市建设用地面积快速增长，约占全国城市建设用地总面积的近五分之一。由于建设用地比例不断增加，1991—2015年，长三角地区的环境退化和污染问题显著，长三角地区的生态系统为区域工业化和城市化付出了巨大代价，面临着不可持续的资源利用、建设、污染等人类活动过度干预的威胁。2016—2018年长三角城市建设用地面积虽较2015年有所减少，但2018年长三角城市建设用地仍占到全国的16.30%，而长三角地区面积仅占全国的2.20%，表明土地资源开发强度较高。

三、东北和长三角地区的路径资产分析

本书中的路径资产分析区别于现有的仅以动态的路径分析或静态的关系资产分析为特征的区域研究，其特点是上述二者的协同，与本书所坚持的关联演化视角相一致。

本书对东北地区和长三角地区的实证研究表明，一个地区的发展路径受多种因素的影响，其中，除了区域的人口、就业、环境、交通、企业等发展基础外，优惠的地区政策或发展战略对中国的区域发展起着最重要的作用。东北地区与长三角地区的差异在于区域发展的内生动力，即与区域文化相关的历史工业化进程。事实上，自20世纪50年代以来这两个地区都拥有中央政府优惠的区域政策，东北地区的国有企业甚至比长三角获得了更多的国家投资。然而，东北和长三角地区在工业化和城市化进程上的本质区别与两个区域的地域文化密切相关。

20世纪50年代以来，东北地区的工业化和城镇化进程几乎是完全按照中央政府的指示，国家在此投资建设了许多国有企业，并以此为基础建立了国家重工业制造基地、国家商品粮生产中心、国家林业基地等。此外，由于国家决定在此开发北大荒，东北地区的大多数居民来自新中国成立后至改革开放前这段时期国家主导型的人口迁移。东北地区虽曾经历计划经济体制下的繁荣，但在1978年后呈现出对计划经济的路径依赖及锁定状态，90年代以来愈加明显。如果说东北地区在工业化和城市化进程中形成了某种地域文化，可以概括为等、靠、要三个字，即等待、依赖和请求国家优厚的政策和投资。东北地区这种特殊的地域文化与50年代以来大力发展国有企业密切相关。然而，东北地区缺乏自主创新发展道路的主动性，这也是为什么过去几十年国家大量投资进入东北地区却依然无法支撑这座老工业基地振兴的原因。东北地区发展最重要的一点不是缺乏国家投资或政策，而是缺乏适应市场经济的内生文化，这也是东北地区摆脱长期以来对计划经济路径依赖和锁定的关键。

第八章 结论与展望

与东北地区相比，长三角地区的发展路径可以概括为先行先试，即先尝试实践，如果可行，再彻底执行。例如，位于长三角地区上海附近的昆山第一个自筹资金工业园区是 20 世纪 80 年代当地政府在没有国家指导的情况下自主建立的。尽管如此，它还是享誉全国并成为中国工业园区的成功典范。长三角地区在中国区域经济发展中创造了多种发展模式，如 20 世纪 80 年代由乡镇企业发展而来的温州模式和苏南模式。实际上，当时长三角地区除了 5 个城市被纳入国家 1984 年设立 14 座沿海开放城市的决定外，并没有得到中央政府对区域发展的具体财政或政策支持，长三角地区许多有利的区域政策更多地得益于区域内各地的自力更生和地方创新。只有当这些地方性尝试成功了，地方政府才开始向中央报告，争取国家支持。从这一意义上讲，长三角地区的发展路径具有内生性和自下而上的特点，而东北则与之相反，呈现外生性和自上而下的特点。

此外，东北和长三角地区的路径资产分析表明，中国的区域如果像长三角地区这样基于地方和区域资源不断进行尝试和创新，仍然有可能在区域发展方面取得成就，甚至可以抓住改革和发展的机遇，开创出区域自身的发展模式和发展道路。否则，像东北地区那样仅仅依靠国家政策和投资，缺乏适应市场经济的内生尝试、实践和文化支持，即使有大量的国家投资和优惠政策，区域发展也无法持续，而这也是振兴东北最重要的问题。

事实上，如本书前文所述，一个地区的发展路径受到多种因素的影响。特别是环境灾害等一些难以预测的因素，至少在一定时期内可能对区域发展路径产生重大影响。环境污染事故影响着区域能力，一方面，环境污染事故使环境恶化，给区域环境资产带来负面影响；另一方面，环境事故也引发了对区域可持续发展和治理的更多思考，可能对区域发展路径和区域能力产生积极影响。

本书中的区域资产是指一个区域所拥有的或可利用的多种资源和要素，实证研究表明，区域资产具有以下 5 个主要特征：第一，区域资产代表了全面理解区域发展的关系视角。在本书中，区域资产包括经济资产、

区域经济地理分析：
基于区域能力的空间实证检验

社会文化资产、环境资产3个主要的互动组成部分。第二，区域资产可以是有形的，也可以是无形的。例如，一个地区的自然保护区面积或政府收入是有形的，而一个地区的知识管理或未来经济利益的潜力是无形的。第三，一些区域资产是区域性的（如对特定区域或经济区的优惠政策），而另一些则不是（如一个区域所处的全球或国家宏观经济形势、国家产业政策和国家环境政策）。第四，一些影响区域发展路径的因素也是区域资产。例如，国家层面对特定地区的政治激励或决定。第五，区域资产对区域发展的影响在一定程度上可能是积极的，也可能是消极的。例如，环境污染事故或自然灾害造成了巨大的区域经济损失和社会损失，可能对地区发展产生负面影响，但也提高了公众的环境保护意识和公众参与环境治理的能力，也可能对区域发展产生积极影响。

本书基于两个案例区域的实证分析，认为路径资产分析作为一种分析区域发展的综合方法，适用于实际科学研究中的区域分析，也可以作为一种规划的工具。本书采用了定量分析与质性分析相结合的多维度路径资产分析：对区域资产的48个指标（经济维度18个指标、社会文化维度20个指标、环境维度10个指标，也请参见本书前文中的表2.5和图3.3）进行了定量分析，作为基于官方统计数据的案例区域实证研究的一部分。考虑到在实际研究中，特别是对于综合性的区域研究，可能很难对各类区域资产进行详细的列举和分析，因此本书主要侧重于1978年以来区域资产的变化。而且，除了给定的时间段外，针对特定的研究可能还需要对一个更长的时间段进行分析。例如，对于本书中的东北地区，就有必要回顾一下自中华人民共和国成立后至改革开放前的发展过程，因为东北地区在20世纪50—70年代经历了计划经济的繁荣，但在1978年改革开放引入市场经济之后，却由于对计划经济的路径依赖而处于锁定状态。从这一意义上讲，实证研究最重要的不是关注分析了多少个指标，而是找出某些问题的原因或困境并尝试给出适当的解释。

本书通过路径资产分析得出了以下结论：区域发展不能仅靠国家政策

和投资来维持，而是需要基于区域资产的内生动力和创新，因此区域治理和规划可以成为管理和加强区域能力的有效工具。

四、中国的区域发展与治理

中国环境治理的主要问题在于，全球市场力量驱动的商业领域变革速度十分迅速，而应对经济快速增长带来的不受欢迎的破坏性副产品的制度变革步伐却相对缓慢，具体表现为强大的政府与环境治理过程中公众参与不力及执法不力之间的鲜明对比(Xue et al.，2007)。

基于本书实证研究中的路径资产分析，1978—2015年期间的中国区域发展呈现出许多不可持续的特征，例如对政府或外国公司投资的依赖程度较高，更关注国内生产总值的增长，环保项目投资相对较低而导致环境污染和退化日益严重。造成这些问题有多方面的原因，一方面，中国的政府官员绩效评估体系一度对国内生产总值增长给予了相当大的重视，这在一定程度上造成了与环保投资相比，地方和省级政府官员更愿意对制造业或其他对国内生产总值增长率回报相对较高的部门增加投资，这是由于经济指标对地方官员而言更为重要，实现经济增长的目标为其提供了在相对较短的时间内晋升到权力更大、薪资更高的职位的机会。另一方面，在1978—2015年，我国对环境污染企业的处罚与企业违法行为造成的经济社会损失相比根本不严厉(参见本书第六章中的表6.8和表6.9)。因此，污染企业对污染治理项目投资的兴趣较小，但更愿意支付罚款，因为罚款成本远低于污染治理项目的投资，由此造成了中国区域发展具有特定的不可持续的方面(Zhang和Wen，2008；Cao et al.，2015)。

环境污染作为中国区域治理的一个严重问题，需要区域规划提供跨省协调策略以实现区域可持续性。中国特色的区域规划代表了中国过去几十年规划理论和实践的发展。由中央政府批准的区域规划作为国家五年规划的组成部分，基本上是按照五年规划的动态周期来进行的，从而可以及时纠正区域规划的不足，并根据规划目标进行调整。总之，区域规划在空间治理中发挥着重要作用，指导着中国的区域发展。鉴于区域规划的这种工具性，考虑到区域发展是国家发展的重要组成部分，区域规划实际上是中国国家发展的指导方针，符合区域规划作为国家特定区域发展相关政策的重要依据(国务院，2015)。

自2005年至今，区域规划一直是实现区域可持续性的设计，并成为协调区域发展冲突的管理方式。为解决我国区域发展过程中重复建设、公共服务不足等不可持续问题，区域协调发展是促进国民经济持续健康发展、保持社会稳定的重要保障。在此背景下，即使区域规划的内容具有区域针对性，但区域规划的最终目标都是区域协调发展。中国的区域规划是国家规划体系中协调区域发展的重要工具，与区域政策和国家发展战略相关联。鉴于区域规划的治理本质和战略性、综合性特点，区域规划可以作为提升区域能力、实现区域可持续发展的有效工具，其关键在于区域规划的实施。

目前中国的区域规划仍然采用自上而下的编制方式、辅以国家组织的公众参与，无论是在发展改革委体系内国家、省和地方层面的纵向协调，还是横向整合各省市之间，在国家组织的参与过程中，各级政府是最重要的行动者；学者和规划师们作为咨询委员会的成员，为政府提供可持续发展建议，也是重要的行动者。本书第七章第二节中对东北地区和长三角地区区域规划案例进行了分析，在这两个区域规划的案例分析中，有以下两个最重要的研究发现：一是区域规划及区域协调制度均对区域可持续发展作出了贡献，尽管具有特定的区域差异；二是区域规划过程仍然是由政府主导，公众参与较为有限。

此外，东北和长三角地区的区域规划项目主要存在以下两方面的问题，这也是我国区域规划的普遍问题。一方面，经济维度大多是根据省或地方政府的利益来考虑的，而社会文化维度和环境维度则没有得到足够的重视。另一方面，大部分注意力都集中在对一个城市或地区基于当前的比较优势提出未来战略方向的政策建议，而不是为实现区域可持续性对该地区动态发展过程进行长期有效的管理。本书认为，除了经济维度外，还需要考虑社会文化维度、环境维度，以充分解释当前的发展状况，并为政府或政策制定者的未来决策提供建议。

总的来说，中国的区域规划实践仍然是一个政府主导的过程，国家发展改革委是最重要的协调者。考虑到中国是一个幅员辽阔、人口众多的国家，在宏观规划过程中应用参与式方法是相当困难的。因此，规划过程中缺乏公众参与并不明显阻碍中国区域规划的有效实施。恰恰相反，中国政治制度使得规划的编制和实施更加有效，无论是在发展改革委体系内国家、省和地方层面的纵向协调，还是横向整合各省市之间，可以将其理解为一种"国家组织的参与"。

最后，就本书提出的区域能力分析方法而言，建设或提高区域能力可以作为今后中国区域规划的总体目标。事实上，基于本书发展的区域能力路径资产分析来制定区域规划，也有助于准确了解区域发展状况及其优势和劣势，这不仅符合先前在规划过程中广泛使用的诸如 SWOT 分析之类的方法，而且也提供了一种额外关注区域资产和区域发展路径的关联演化视角。此外，可以通过实施区域规划来改善区域治理，从而发展或提升区域能力，并可能建立起一种以区域能力为重点的区域治理新模式。总之，区域能力作为一个概念是区域分析的核心，适用于区域规划和治理，对区域可持续发展至关重要。

第二节
对区域能力作为一种区域分析理论方法的思考

一、区域能力：起源、定义和特征

本书旨在提出区域能力的概念框架，作为基于能力的区域发展分析的一个新的分析框架。在给出区域能力的定义之前，本节先研究了区域能力

(regional capabilities)(Heidenreich, 2004, 2005)和演化能力(dynamic capabilities)(Teece et al., 1997)两个基于企业的概念,发现 Heidenreich 的概念非常重视塑造企业网络合作关系,反映了一种关系的视角;而演化能力的概念则强调企业的灵活性和适应性,代表了一种演化的视角。

本书将区域能力定义为一个区域在任何情况下通过拥有区域资产而具有的能够发展自身的总体能力,包括区域对随机性突发事件的适应能力。与上述基于企业的概念不同,本书中的区域能力概念是基于区域整体而提出的,可以将其作为区域分析的一种方法。

此外,本书认为区域能力受区域资产及区域发展路径的影响,因此区域发展受到区域资产和发展路径的制约。区域能力的形成和变化是一个动态的过程,包括区域资产的获取和对突发事件的适应性两个关键方面,它们对于理解区域发展至关重要。因此,区域能力通过对各种区域资产的占有,以关联的视角在时间序列的某一时点上反映区域发展的情境,同时,区域能力通过一个区域特定的发展路径,随着时间的推移以演化的视角呈现区域资产的功能(参见本书第二章中的表2.4)。

二、重新思考区域能力作为区域分析的理论方法:其适用性、局限性和贡献

在本书的实证研究中,东北地区和长三角地区的路径资产分析实际上评估了区域能力概念作为区域分析工具的适用性,通过分析广泛的区域资产和具有区域特色的发展道路,来理解区域发展的动态。

本书将区域能力设计为与区域发展、区域治理和规划、区域可持续性相关的区域分析的中心(参见本书第二章中的图2.2)。路径资产分析作为一种分析区域能力的方法,不仅可以提供对区域发展的全面了解,还可以提供特定区域治理和规划的相关信息。此外,区域能力将区域发展与区域治理和规划相互关联,以实现区域可持续性的共同目标。因此,区域能力可以作为区域分析的一种理论方法。

区域能力的概念需要在理论和实践上进一步探索和完善。首先，本书通过对 48 个指标的实证分析，提供了区域能力的初步分析框架。关注为区域发展提供基础的丰富的区域资产，重要的是找出塑造区域发展路径的关键资产，而这些关键资产可能会根据不同的研究领域和具体研究重点而变化。例如，如果只关注东北地区，国家投资和中央政府的优惠区域政策在东北地区的区域发展过程中起着非常重要的作用；如果同时考虑东北和长三角地区，虽然国家投资和有利的区域政策对这两个地区仍然很重要，但这两个地区在工业化和城市化进程上的本质区别还与区域文化密切相关。由于缺乏适应市场经济的内生的区域文化，东北地区尚未能摆脱长期存在的对计划经济的路径依赖和锁定。其次，从一个地区的发展路径受多种因素影响的情况来看，在理论上和实践上都难以准确描述或衡量区域能力。第三，虽然关联演化视角似乎适用于本书中的区域能力实证研究，但能否充分探讨区域资产与区域发展路径之间的区域能力动态，仍值得重新思考。

第三节
区域能力概念的方法论应用

本书侧重于区域能力和区域分析。事实上，区域能力的概念及其分析框架并不仅限于区域分析，还可以拓展应用至更广泛的空间分析领域。这一节内容将把本书中运用的分析方法及分析程序进行总结提炼与一般化推广，即一种基于能力分析的六步空间分析方法论，并讨论在理论上和实践上将该模型应用于不同空间尺度的可能性。

一、基于能力分析的六步空间分析法

对区域能力概念进行方法论扩展的一项初步考虑是基于能力分析的六步空间分析法：

区域经济地理分析:
基于区域能力的空间实证检验

　　步骤一,定义分析的空间尺度:跨国、国家、区域或地方。例如,它可以是欧盟、东盟、青藏高原、一个国家(例如中国)、一个区域(例如中国东部沿海地区)、一个城市区域(例如长三角城市群)、一个城市(例如上海)、一个镇、一个县、一个村庄或其中的一部分(例如一个区或一个城市的一部分,例如上海崇明岛)。

　　步骤二,对步骤一中选定的具体区域应用多层级分析。根据特定的研究主题,这可能不是一个"必须做"而是"可以做"的步骤。执行此步骤时,应突出特定的空间维度。例如,如果研究主题是空气污染对中国经济发展的影响,那么国家层面应该是研究的重点。此外,考虑到空气污染在各省市的程度不同,省级层面可能是下一级呈现空气污染具体空间分异的维度:例如,山西可能是空气污染最严重的省份,相反,海南可能是影响最小的省份。

　　步骤三,定义路径资产分析的时间段,这取决于研究主题或兴趣之外的可用资源或数据。

　　步骤四,根据具体项目的研究目标,定义资产的维度。尽管本书中应用了经济、社会文化、环境共三个维度进行了综合分析,但可以根据具体的研究主题,重点关注其中的一个维度或多个维度。例如,如果研究主题是空气污染等环境问题对中国经济发展的影响,那么重点可以放在经济维度和环境维度上。

　　步骤五,根据步骤四中选定的维度,定义具体的资产,并根据数据和资源的可获取性,确定具体的分析指标。以步骤四中的例子为例,如果选择经济维度和环境维度来研究空气污染对中国经济发展的影响,尽量列出与所选维度相关的所有指标,那么数据和资源的可获得性是选择指标的一个重要考虑因素。

　　步骤六,在关联演化视角下,基于路径资产分析进行能力分析——在步骤三定义的时间段内,对步骤五中选择的指标进行分析。

　　本书中应用的研究方法可以通过上面总结的基于能力分析的六步空间

分析法扩大其应用范围。接下来将讨论这一方法论在科学视角和实践中的具体应用。

二、科学视角下六步空间分析法的方法论应用

上文中总结的六步空间分析法可以作为一种跨学科的方法，它特别考虑了基于能力的空间分析，其特征是关联演化视角下的路径资产分析。六步空间分析法专为地理科学的空间分析而设计，也适用于环境治理和区域规划等相关主题的跨学科研究。

在空间尺度上，六步空间分析法适用于几乎所有的空间分析尺度，例如，村、镇、市辖区、城市、省、国家、跨国或洲际地区，甚至全球。基于初步考虑，这一方法论应该适用于中观尺度和宏观尺度的分析。尽管如此，该方法论的以能力为中心的概念与经济地理学中基于公司的其他概念兼容，例如区域能力（Heidenreich，2004，2005）和演化能力（Teece et al.，1997）。此外，这一以能力为中心的概念调适后还可以应用于家庭（houshold）尺度的分析，除了关注资产及资产的获取之外，还可以为生计分析（livelihood analysis）提供一个演化的视角。

从本质上讲，本书中提出的六步空间分析法借鉴了其他以能力为中心的概念，是对现有地理科学空间分析理论、概念和方法的补充。

三、实践中六步空间分析法的方法论应用

根据具体的研究重点，六步空间分析法在实践中的方法论应用可能会有很大差异。如果研究目的是像本书这样为了全面了解一个研究区，理论上最好在步骤四中将三个维度全部选择，并尽可能多地选择步骤五中的资产，然后在步骤六中对它们进行分析。但是，实际研究中，步骤五和步骤六在一定程度上受制于数据的可获得性。即使在步骤五中选择了一个指标，数据的缺乏也可能成为选择的挑战，这将进一步影响接下来步骤六中的路径资产分析。同样重要的是路径资产分析指标的限定和量化。更重要

的是，除了可用的数据源外，其他可用的资源如项目的进度、合格的项目成员、项目资金等，也可能在很大程度上影响方法论在实践中的应用。然而，步骤六中基于关联演化视角的路径资产分析是实践中基于能力的空间分析的核心，有助于识别特定时间段内研究区域的整体发展路径。

对于城市和区域规划师们来说，这种六步空间分析法是对现有规划方法（例如 SWOT 分析和情景分析）的补充，可以让规划师们全面了解实际规划的区域。此外，步骤六中的路径资产分析的可视化以及规划项目的呈现可以借助地理信息系统来实现，它不仅可以用作交互平台供决策者使用，也适用于具有公共教育和交流意图的展览或博物馆。

第四节
开放性问题和进一步研究的方向

本书试图为区域空间分析开发一个区域能力的分析框架，并将其应用于定量分析的实证研究中。然而，除了本章第二节中提到的区域能力作为区域分析理论方法的各要点之外，区域能力的定量分析还需要在理论和实践中进一步加强。本书中的定量分析主要限于官方统计数据以及论文、书籍、新闻或报告，考虑到本书旨在关注区域层面，以各区域的地方层面为重点的其他研究的第一手数据可能对本书中的实证研究进行补充。

中国政府在 2003 年就提出"坚持以人为本，树立全面、协调、可持续的发展观，促进经济社会和人的全面发展"，新发展理念及习近平生态文明思想作为新时代国家发展的战略指引，符合区域可持续发展的理念，更加注重人而不是经济增长速度。区域能力作为区域分析的一个理论框架，为在区域层面的学术研究领域提供了新的见解。如何以人为本，分析区域能力？在经济增速回落后，如何发展与自然和谐相处的经济，以突破新常态的发展瓶颈？如何在区域层面开辟一条可持续发展的路径，以实现国家层面的可持续发展？国家可以相应地做出哪些新的制度安排？区域规划又应该作出什么贡献？这些开放性问题可能会成为进一步的研究方向。尽管政府在我国治理过程中占主导地位，但区域治理仍有很大的潜力空间，特别是在生态环境治理领域，例如，生态环境立法和执法的真正改善、生态环境教育、公众的环境保护意识、公众参与生态环境治理过程以及有效实施生态环境规划和区域规划。

尽管中国在经济发展的同时还存在很多问题，特别是一些严重的环境问题引起了国际社会的关注，但令人欣慰的是，中国已经迈出了可持续发展的第一步，并取得了初步成果。中国政府为实现经济可持续发展作出了各种努力，例如，在能源政策和应对气候变化方面，中国自2005年以来在碳减排、能效政策和可再生能源政策方面做了大量工作，这正是西方世界所谓的"气候政策"。

近年来，中国政府高度重视环境保护，将生态文明建设纳入中国特色社会主义事业"五位一体"总体布局，大力推动绿色、低碳和可持续发展，认真履行气候变化、生物多样性、化学品等领域国际环境条约义务，并已取得了显著成效。截至2019年年底，中国单位国内生产总值二氧化碳排放比2005年降低了48.1%，已超额完成2030年森林碳汇目标。中国正在通过切实行动为全球气候环境治理持续作出积极贡献。为应对气候变化，中国政府进一步提出要把碳达峰、碳中和纳入生态文明建设整体布局，如期实现2030年前碳达峰、2060年前碳中和的目标。"做好碳达峰、碳中和工作"被列为2021年重点任务之一，"十四五"规划也将加快推动绿色低碳发展列入其中。

尽管通过一项研究解决区域发展过程中的各种问题仍相当困难，但至少本书试图提供一种新的思维方式——以区域能力为中心来进行区域空间分析、解释区域发展，并通过实证研究对其在实践中的适用性进行了检验。本书旨在激发地理科学区域分析和规划领域的其他新思维，并倡导跨学科学习。如果区域规划着眼于如何提升区域能力以及如何管理一个区域的发展路径，区域规划是否会比现在做得更好呢？事实上，进入21世纪以来，中国的区域规划按照中央政府的总体战略和支持政策，大多涵盖了区域的发展背景、现状、区域优势、劣势和潜力、区域整体发展战略以及具体的行业或部门战略(如产业、空间、环境、交通、能源、教育和文化等)等内容。既然区域能力与上述所有因素都有关系，为何不关注区域能力呢？

参考文献

[1] 白梓函, 吕连宏, 赵明轩, 等, [2022-04-04]. 中国对外直接投资的减污降碳效应及其实现机制[J/OL]. 环境科学, 43(10): 4408-4418.

[2] 彼得·萨伦巴, 1986. 对中国城市规划的几点意见及建议[J]. 城市规划, 10(02): 26-29.

[3] 陈发虎, 李新, 吴绍洪, 等, 2021. 中国地理科学学科体系浅析[J]. 地理学报, 76(09): 2069-2073.

[4] 陈明星, 先乐, 王朋岭, 等, 2021. 气候变化与多维度可持续城市化[J]. 地理学报, 76(08): 1895-1909.

[5] 谌仁俊, 陈彦龙, 肖庆兰, 2022. 环保目标治理如何促进污染减排？——基于中国首次约束性减排目标计划的分析[J]. 中国地质大学学报(社会科学版), 22(02): 75-98.

[6] 崔功豪, 2002. 当前城市与区域规划问题的几点思考[J]. 城市规划, 26(02): 40-42.

[7] 崔宁波, 王欣媛, 于尊, 2021. 东北粮食主产区耕地生态效率评价及影响因素分析[J]. 生态经济, 37(07): 104-110.

[8] 崔宁波, 殷琪荔, 2022. 气候变化对东北地区粮食生产的影响及对策响应[J]. 灾害学, 37(01): 52-57.

[9] 邓祥征, 梁立, 吴锋, 等, 2021. 发展地理学视角下中国区域均衡发展[J]. 地理学报, 76(02): 261-276.

[10] 房艳刚, 刘建志, 2020. 东北地区县域粮劳变化耦合模式与乡村发展类型[J]. 地理学报, 75(10): 2241-2255.

[11] 甘婷婷，赵南京，殷高方，等，2021. 长江三角洲地区农用地土壤重金属污染状况与防治建议[J]. 中国工程科学，23(01)：174-184.

[12] 高超，汪丽，陈财，等，2019. 海平面上升风险中国大陆沿海地区人口与经济暴露度[J]. 地理学报，74(08)：1590-1604.

[13] 谷人旭，李广斌，2006. 区域规划中利益协调初探——以长江三角洲为例[J]. 城市规划，30(08)：42-46.

[14] 郭坤一，于军，方正，等，2006. 长江三角洲地区地下水资源与地质灾害调查评价[C]. "十五"重要地质科技成果暨重大找矿成果交流会材料二——"十五"地质行业获奖成果资料汇编. 北京：中国地质协会 & 中国地质调查局：142-143.

[15] 郭艺，曹贤忠，魏文栋，等，2022. 长三角区域一体化对城市碳排放的影响研究[J]. 地理研究，41(01)：181-192.

[16] 国家发展改革委，2010. 长江三角洲地区区域规划[EB/OL]. http：//www. gov. cn/gzdt/att/att/site1/20100622/001e3741a2cc0d8aa56801. pdf.

[17] 国家发展改革委，2007. 东北地区振兴规划[EB/OL]. http：//www. gov. cn/gzdt/2007-08/20/content_ 721632. htm.

[18] 国家林业和草原局，2019. 中国森林资源报告(2014-2018)[M]. 北京：中国林业出版社.

[19] 国家林业和草原局，国家发展改革委，财政部，自然资源部，农业农村部，2022. 国家公园等自然保护地建设及野生动植物保护重大工程建设规划(2021—2035 年)[EB/OL]. https：//www. forestry. gov. cn/html/main/main_ 5461/20220317105954150795620/file/20220317110037174111763. pdf.

[20] 国务院，2005-10-22. 国务院关于加强国民经济和社会发展规划编制工作的若干意见(国发[2005]33 号)[EB/OL]. http：//www. gov. cn/zhengce/content/2008-03/28/content_ 2039. htm.

[21] 国务院，2015-07-04. 发展改革委关于印发《国家级区域规划管理暂行办法》的通知[EB/OL]. 中华人民共和国国务院公报 2015 年第 33 号. http：//www. gov. cn/gongbao/content/2015/content_ 2973164. htm.

[22] 国务院，2021. 2030 年前碳达峰行动方案[EB/OL]. http：//www. gov. cn/zhengce/content/2021-10/26/content_ 5644984. htm.

参考文献

[23] 国志兴, 张晓宁, 王宗明, 等, 2010. 东北地区植被物候对气候变化的响应[J]. 生态学杂志, 29(03): 578-585.

[24] 何瑞霞, 金会军, 吕兰芝, 等, 2009. 东北北部冻土退化与寒区生态环境变化[J]. 冰川冻土, 31(03): 525-531.

[25] 黑龙江省人民政府, 2018. 黑龙江省矿产资源总体规划(2016—2020年)[EB/OL]. https://www.hlj.gov.cn/n200/2018/0328/c75-10867022.html.

[26] 黑龙江省自然资源厅, 2019. 矿产资源概况[EB/OL]. http://www.hljlr.gov.cn/zwgk/zygk/kczygk/201911/t20191111_277813.html.

[27] 胡书玲, 余斌, 卓蓉蓉, 等, 2020. 中国陆域地表人类活动与自然环境的空间关系研究[J]. 生态学报, 40(12): 3935-3943.

[28] 胡序威, 2006. 中国区域规划的演变与展望[J]. 地理学报, 61(06): 585-592.

[29] 胡序威, 2008. 区域与城市研究(增补本)[M]. 北京: 科学出版社.

[30] 黄莘绒, 管卫华, 陈明星, 等, 2021. 长三角城市群城镇化与生态环境质量优化研究[J]. 地理科学, 41(01): 64-73.

[31] 吉林省林业和草原局, 2016. 长白山保护开发区林业局[EB/OL]. http://lyt.jl.gov.cn/zwgk/jgsz/szlyj/201607/t20160727_7028290.html.

[32] 吉林省长白山保护开发区管理委员会, 2011. 吉林长白山国家级自然保护区总体规划(2007-2020)[EB/OL]. http://cbs.jl.gov.cn/shjj/qhgh/bhgh/.

[33] 江苏省生态环境厅, 2021. 2019年度江苏省生态环境状况公报[EB/OL]. http://sthjt.jiangsu.gov.cn/art/2021/11/18/art_83740_10118207.html.

[34] 金凤君, 2018. 新时期东北地区"创新与发展"研究[M]. 北京: 科学出版社.

[35] 李保国, 刘忠, 黄峰, 等, 2021. 巩固黑土地粮仓 保障国家粮食安全[J]. 中国科学院院刊, 36(10): 1184-1193.

[36] 李梦婷, 沈城, 吴健, 等, 2021. 快速城市化区域不同用地类型土壤重金属含量分布特征及生态风险[J]. 环境科学, 42(10): 4889-4896.

[37] 李平星, 陈雯, 邹露, 等, 2021. 基于一体化生态空间格局的土地利用/覆被变化及其生态环境效应——以长三角为例[J]. 环境科学学报, 41(10): 3905-3915.

[38] 李琰, 杨一, 2021-11-04(17). 为全球环境治理贡献中国智慧(携手同心·新中国恢复联合国合法席位50周年)[N]. 人民日报.

[39] 李毅, 胡宗义, 周积琨, 等, 2022. 环境司法强化、邻近效应与区域污染治理[J]. 经济评论, 238(02): 104-121.

[40] 李雨凡, 周亮, 于世永, 等, [2022-04-22]. 过去两千年长江干流历史洪水事件的时空变化研究[J]. 地球与环境, 50(02): 241-251.

[41] 刘大千, 刘世薇, 温鑫, 2019. 东北地区粮食生产结构时空演变[J]. 经济地理, 39(05): 163-170.

[42] 刘杜娟, 叶银灿, 2005. 长江三角洲地区的相对海平面上升与地面沉降[J]. 地质灾害与环境保护, 16(04): 400-404.

[43] 卢子芳, 邓文敏, 朱卫未, 2021. 中国省域环境治理绩效评价[J]. 统计与决策, 37(11): 70-74.

[44] 陆加胜, 李哲, 2005. 振兴东北老工业基地的对策研究[J]. 工业技术经济, 24(04): 41-44.

[45] 罗震东, 崔功豪, 乔艺波, 2019. 阶段、思潮与行动: 国际视野下现代中国区域规划理论与实践的演进[J]. 国际城市规划, 34(04): 16-22.

[46] 毛汉英, 方创琳, 1997. 新时期区域发展规划的基本思路及完善途径[J]. 地理学报, 52(01): 1-9.

[47] 欧维新, 张振, 陶宇, 2019. 长三角城市土地利用格局与PM2.5浓度的多尺度关联分析[J]. 中国人口资源与环境, 29(07): 11-18.

[48] 盘锦市生态环境局, 2016. 辽宁辽河口国家级自然保护区管理办法[EB/OL]. http://sthjj.panjin.gov.cn/2016_08/08_15/content-221517.html.

[49] 任美锷, 1993. 黄河长江珠江三角洲近30年海平面上升趋势及2030年上升量预测[J]. 地理学报, 48(05): 385-393.

[50] 上海市生态环境局, 2021. 2020上海市生态环境状况公报[EB/OL]. https://sthj.sh.gov.cn/hbzhywpt1143/hbzhywpt1144/20210607/7550cad81da8424eadb07a2c96c1208c.html.

[51] 邵波, 刘勇, 李鑫, 等, 2018. 长三角地区土壤中有机氯农药残留量及其分布特征[J]. 环境化学, 37(04): 824-835.

[52] 沈悦, 刘天科, 靳利飞, 2021. 国家规划体系的架构与秩序研究——"十三五"时期306个国家级规划的量化分析[J]. 中国软科学 (07): 1-12.

[53] 史慧慧，程久苗，费罗成，等，2019. 1990—2015年长三角城市群土地利用转型与生态系统服务功能变化[J]. 水土保持研究，26(01)：301-307.

[54] 宋志晓，刘瑞平，魏楠，等，2021. 长三角地区土壤环境问题及协同管控对策研究[J]. 环境科学与管理，46(08)：15-19.

[55] 孙丹丹，杨书运，王体健，等，2019. 长三角地区城市O_3和$PM_{2.5}$污染特征及影响因素分析[J]. 气象科学，39(02)：164-177.

[56] 孙慧，王慧，肖涵月，等，2022. 异质型责任主体的环境协同治理效果[J]. 资源科学，44(01)：15-31.

[57] 孙久文，夏添，张静，2019. 中国区域经济发展报告[M]. 中国人民大学出版社：中国人民大学研究报告系列.

[58] 孙清，张玉淑，胡恩和，等，1997. 海平面上升对长江三角洲地区的影响评价研究[J]. 长江流域资源与环境，6(01)：59-65.

[59] 孙秀艳，2021-10-29(03). 中国应对气候变化新理念 为全球气候治理贡献中国智慧[N]. 人民日报.

[60] 谈明洪，李秀彬，2021. 从本土到全球网络化的人地关系思维范式转型[J]. 地理学报，76(10)：2333-2342.

[61] 王莉萍，王铸，马杰，等，2021. 近40a我国主要城市群降水过程时空分布特征[J]. 暴雨灾害，40(06)：589-598.

[62] 王文锦，王卿，朱安生，等，2021. 2000—2018年长三角土地利用变化对农田生态系统氨排放的影响[J]. 环境科学，42(07)：3442-3450.

[63] 王夏晖，何军，牟雪洁，等，2021. 中国生态保护修复20年：回顾与展望[J]. 中国环境管理，13(05)：85-92.

[64] 吴风波，汤剑平，2015. 城市化对长江三角洲地区夏季降水、气温的影响[J]. 热带气象学报，31(02)：255-263.

[65] 伍健雄，周侃，刘汉初，2021. 城市化过程对氨氮排放的驱动作用与空间交互特征——以长三角地区为例[J]. 环境科学学报，41(10)：3893-3904.

[66] 习近平，2021. 把握新发展阶段，贯彻新发展理念，构建新发展格局[J]. 求是，9：4-18.

[67] 徐进勇，张增祥，赵晓丽，等，2013. 2000—2012年中国北方海岸线时空变化分

析[J].地理学报,68(05):651-660.

[68]徐文明,朱显平,2020."一带一路"倡议下东北地区粮食产业转型升级路径[J]. 地理科学,40(12):2046-2054.

[69]薛亮,2018-02-05.遏制"向海要地"冲动[N].中国国土资源报.

[70]颜德如,张玉强,2021.中国环境治理研究(1998—2020):理论、主题与演进趋势[J].公共管理与政策评论,10(03):144-157.

[71]杨明,周桔,曾艳,等,2021.我国生物多样性保护的主要进展及工作建议[J]. 中国科学院院刊,36(04):399-408.

[72]杨清可,段学军,王磊,等,2021.长三角地区城市土地利用与生态环境效应的交互作用机制研究[J].地理科学进展,40(02):220-231.

[73]杨瑞龙,周业安,2019.经济新常态下的中国经济增长:路径与机制[M].北京: 中国人民大学出版社.

[74]易跃春,2020.中国海上风电"十四五"发展研究规划[R].北京:水电水利规划设计总院.

[75]殷培红,方修琦,田青,等,2006. 21世纪初中国主要余粮区的空间格局特征[J] .地理学报,61(02):190-198.

[76]于德永,郝蕊芳,2020.生态系统服务研究进展与展望[J].地球科学进展,35 (08):804-815.

[77]张君峰,许浩,赵俊龙,等,2018.中国东北地区油气地质特征与勘探潜力展望[J].中国地质,45(02):260-273.

[78]张可云,张江,2022.城市群多中心性与绿色发展效率——基于异质性的城镇化空间布局分析[J].中国人口·资源与环境,32(02):107-117.

[79]张艳平,胡海清,2008.大兴安岭气候变化及其对林火发生的影响[J].东北林业大学学报,(07):29-31+36.

[80]赵方凯,杨磊,李守娟,等,2018.长三角典型城郊土壤抗生素空间分布的影响因素研究[J].环境科学学报,38(03):1163-1171.

[81]赵婧,李琳,张维俊,等,2021.新时代环境社会治理体系的构建和创新——中国环境科学学会环境社会治理专委会2020年年会综述[J].中国环境管理, 13(02):5-9.

[82]赵俊芳，延晓冬，贾根锁，2009. 未来气候情景下中国东北森林生态系统碳收支变化[J]. 生态学杂志，28(05)：781-787.

[83]赵领娣，徐乐，2019. 基于长三角扩容准自然实验的区域一体化水污染效应研究[J]. 中国人口·资源与环境，29(03)：50-61.

[84]浙江省生态环境厅，2021. 2020年浙江省生态环境状况公报[EB/OL]. http：//sthjt. zj. gov. cn/art/2021/6/3/art_ 1201912_ 58928030. html.

[85]浙江省统计局，2022. 浙江省情：资源概况[EB/OL]. http：//tjj. zj. gov. cn/col/col1525490/index. html.

[86]浙江省自然资源厅，2018. 浙江省地质环境通报（2017年度）[EB/OL]. https：//zrzyt. zj. gov. cn/art/2018/8/28/art_ 1289933_ 20878226. html.

[87]中国科学院地理科学与资源研究所，2018. 中国湿地保护与管理培训手册[EB/OL]. http：//www. shidicn. com/zt/gef/www. shidicn. com/sf_ 224AF9FDB62D4D1E99A9190C18494F9E_ 151_ DEADE776775. html.

[88]中国空气质量在线监测分析平台，2022. 空气质量历史数据查询[DB/OL]. https：//www. aqistudy. cn/historydata/.

[89]中华人民共和国国家统计局，2021. 中国统计年鉴2021[M]. 北京：中国统计出版社.

[90]中华人民共和国国家统计局，2022. 中华人民共和国国家统计数据库[DB/OL]. https：//data. stats. gov. cn.

[91]中华人民共和国教育部，2021. 2020年教育统计数据[DB/OL]. http：//www. moe. gov. cn/jyb_ sjzl/moe_ 560/2020/.

[92]中华人民共和国农业农村部，2018. 坚持绿色引领加强农药管理[EB/OL]. https：//www. moa. gov. cn/xw/zwdt/201801/t20180115_ 6134982. htm.

[93]中华人民共和国生态环境部，2021. 2011—2020中国生态环境状况公报[EB/OL]. https：//www. mee. gov. cn/hjzl/sthjzk/zghjzkgb/index. shtml.

[94]中华人民共和国生态环境部，2022. 全国生态环境保护工作会议在京召开[J]. 中华环境（Z1）：17-22.

[95]中华人民共和国水利部，2012. 胡四一副部长解读《全国重要江河湖泊水功能区划》[EB/OL]. http：//www. mwr. gov. cn/zw/zcjd/201806/t20180608_ 1039378. html.

[96] 中华人民共和国外交部,2020. 共建地球生命共同体:中国在行动——联合国生物多样性峰会中方立场文件[R/OL]. https://www.mee.gov.cn/ywdt/hjywnews/202009/W020200921599788668182.pdf.

[97] 中华人民共和国自然资源部,2021. 中国矿产资源报告2021[M]. 北京:地质出版社.

[98] 周侃,陈妤凡,徐勇,2022. 城市扩张与水污染物排放的伴生效应与交互机理——基于2011—2015年长三角地区的实证检验[J]. 生态学报,42(08):3167-3180.

[99] 周丽霞,吴涛,蒋国俊,等,2022. 长三角地区PM2.5浓度对土地利用/覆盖转换的空间异质性响应[J]. 环境科学,43(03):1201-1211.

[100] 朱介鸣,2012. 西方规划理论与中国规划实践之间的隔阂——以公众参与和社区规划为例[J]. 城市规划学刊,(01):9-16.

[101] 朱芒,2004. 论我国目前公众参与的制度空间——以城市规划听证会为对象的粗略分析[J]. 中国法学(03):50-56.

[102] 朱琪,周旺明,贾翔,等,2019. 长白山国家自然保护区及其周边地区生态脆弱性评估[J]. 应用生态学报,30(05):1633-1641.

[103] AGARWALA N, 2021. China: combating environmental degradation[J]. *International Journal of Environmental Studies*, 1-24.

[104] ALLEN J, COCHRANE A, HENRY N, MASSEY D, SARRE P. 2012. *Rethinking the region: Spaces of neo-liberalism*[M]. Routledge.

[105] ARNSTEIN S R, 1969. A ladder of citizen participation[J]. *Journal of the American Institute of planners*, 35(4):216-224.

[106] ARTHUR W B, 1989. Competing technologies, increasing returns, and lock-in by historical events[J]. *The economic journal*, 99(394):116-131.

[107] Augier M, Teece D, 2007. *Competencies, Capabilities and the Neo-Schumpeterian Tradition*[M].//Hanusch H, Pyka A. (eds.) Elgar Companion to Neo-Schumpeterian Economics. Cheltenham: Edward Elgar.

[108] BACHE I, BARTLE I, FLINDERS M, 2022. *Multi-level governance*[M]. // Ansell C, Torfing J. (eds.) Handbook on Theories of Governance (Second Edition).

Cheltenham: Edward Elgar Publishing.

［109］BASTE I, WATSON R, BRAUMAN K, et al, 2021. *Making Peace with Nature: A scientific blueprint to tackle the climate, biodiversity and pollution emergencies*［R］. Nairobi, Kenya: United Nations Environment Programme.

［110］BATHELT H, 2006. *Geographies of production: growth regimes in spatial perspective 3-toward a relational view of economic action and policy*［J］. Progress in human geography, 30(2): 223-236.

［111］BATHELT H, GLÜCKLER J, 2003. *Toward a relational economic geography*［J］. Journal of Economic Geography, 3(2): 117-144.

［112］BATHELT H, GLÜCKLER J, 2018. *Wirtschaftsgeographie: Ökonomische Beziehungen in räumlicher Perspektive*［M］. Stuttgart: UTB-Ulmer.

［113］BENNETT N, SATTERFIELD T, 2018. *Environmental governance: A practical framework to guide design, evaluation, and analysis*［J］. Conservation Letters, 11(6): e12600.

［114］BLOIS K, RAMIREZ R, 2006. *Capabilities as marketable assets: A proposal for a functional categorization*［J］. Industrial Marketing Management, 35(8): 1027-1031.

［115］BODIN Ö, MANCILLA GARCÍA M, ROBINS G, 2020. *Reconciling conflict and cooperation in environmental governance: a social network perspective*［J］. Annual Review of Environment and Resources, 45:471-495.

［116］BOGGS J, RANTISI N, 2003. *The 'relational turn' in economic geography*［J］. Journal of economic geography, 3(2): 109-116.

［117］BOSCHMA R, 2004. *Competitiveness of regions from an evolutionary perspective*［J］. Regional studies, 38(9): 1001-1014.

［118］BOSCHMA R, FRENKEN K, 2006. *Why is economic geography not an evolutionary science? Towards an evolutionary economic geography*［J］. Journal of economic geography, 6(3): 273-302.

［119］BOSCHMA R, FRENKEN R, 2007. *Constructing an evolutionary economic geography*［J］. Journal of Economic Geography, 7(5): 537-548.

［120］CALLON M, LAW J, RIP A, 1986. (eds.) *Mapping the Dynamics of Science and*

Technology: Sociology of Science in the Real World[M]. London: Macmillan.

[121] CAMAGNI R, 1991. Local milieu, uncertainty and innovation networks: towards a dynamic theory of economic space[M]. In: Camagni R. (ed.) Innovation networks: spatial perspectives. London: Belhaven Press.

[122] CAMAGNI R, SALONE C, 1993. Network urban structures in northern Italy: elements for a theoretical framework[J]. Urban studies, 30(6): 1053-1064.

[123] CAO S, LV Y, ZHENG H, et al, 2015. Research of the risk factors of China's unsustainable socioeconomic development: Lessons for other nations[J]. Social Indicators Research, 123(2): 337-347.

[124] CHEN H, ZHANG W, GAO H, et al, 2018. Climate change and anthropogenic impacts on wetland and agriculture in the Songnen and Sanjiang Plain, Northeast China[J]. Remote Sensing, 10(3): 356.

[125] CHEN J, LI Q, WANG H, et al, 2020. A machine learning ensemble approach based on random forest and radial basis function neural network for risk evaluation of regional flood disaster: a case study of the Yangtze River Delta, China[J]. International journal of environmental research and public health, 17(1): 49.

[126] CHEN X, SHAN X, SHI Z, et al, 2021a. Analysis of the Spatio-Temporal Changes in Acid Rain and Their Causes in China (1998-2018)[J]. Journal of Resources and Ecology, 12(5): 593-599.

[127] CHEN Y, LIAO Z, SHI Y, et al, 2021b. Detectable increases in sequential flood-heatwave events across China during 1961-2018[J]. Geophysical Research Letters, 48(6): e2021GL092549.

[128] CLARK G, FELDMAN M, GERTLER M, WÓJCIK D, (eds.) 2018. The new Oxford handbook of economic geography[M]. Oxford University Press.

[129] CLARK G, TRACEY P, SMITH H, 2001. Agents, endowments, and path-dependence: A model of multi-jurisdictional regional development[J]. Geographische Zeitschrift, 89(2+3): 166-181.

[130] COMIM F, QIZILBASH M, ALKIRE S, (eds.) 2008. The Capability Approach - Concepts, Measures and Applications[M]. Cambridge: Cambridge University Press.

[131] COUNSELL D, HAUGHTON G, 2006. *Sustainable development in regional planning: The search for new tools and renewed legitimacy*[J]. Geoforum, 37(6): 921-931.

[132] CUI Y, BAI L, LI C, et al, 2022. *Assessment of Heavy Metal Contamination Levels and Health Risks in Environmental Media in the Northeast Region*[J]. Sustainable Cities and Society, 103796.

[133] DAVID P A, 1985. *Clio and the Economics of QWERTY*[J]. The American economic review, 75(2): 332-337.

[134] DRÈZE J, SEN A, 2002. *India: Development and Participation*[M]. Oxford: Oxford University Press.

[135] ECONOMY E, 2004. *The River Runs Black: The Environmental Challenge to China's Future*[M]. Ithaca & London: Cornell University Press.

[136] ESSLETZBICHLER J, Rigby D, 2007. *Exploring evolutionary economic geographies*[J]. Journal of Economic Geography, 7(5): 549-571.

[137] ETTLINGER N, 2001. *A relational perspective in economic geography: connecting competitiveness with diversity and difference*[J]. Antipode, 33(2): 216-227.

[138] FAO, 2022a. *Rice Fish Culture, China*[EB/OL]. https://www.fao.org/giahs/giahsaroundtheworld/designated-sites/asia-and-the-pacific/rice-fish-culture/en/.

[139] FAO, 2022b. *Kuaijishan Ancient Chinese Torreya, China*[EB/OL]. https://www.fao.org/giahs/giahsaroundtheworld/designated-sites/asia-and-the-pacific/kuajishan-ancient-chinese-torreya/detailed-information/en/.

[140] FAO, 2022c. *Xinghua Duotian Agrosystem, China*[EB/OL]. https://www.fao.org/giahs/giahsaroundtheworld/designated-sites/asia-and-the-pacific/xinghua-duotian-agrosystem/detailed-information/en/.

[141] FAO, 2022d. *Zhejiang Huzhou Mulberry-dyke & Fish-pond System, China*[EB/OL]. https://www.fao.org/giahs/giahsaroundtheworld/designated-sites/asia-and-the-pacific/huzhou-mulberry-dyke-fish-pond-system/detailed-information/en/.

[142] FRENKEN K, Boschma R, 2007. *A theoretical framework for evolutionary economic geography: industrial dynamics and urban growth as a branching process*[J]. Journal of economic geography, 7(5): 635-649.

[143] GRANOVETTER M, 1985. *Economic action and economic structure: the problem of embeddedness*[J]. *American Journal of Sociology*, 91(3): 481-510.

[144] GU C, HU L, ZHANG X, et al, 2011. *Climate change and urbanization in the Yangtze River Delta*[J]. *Habitat International*, 35(4): 544-552.

[145] GU Z, XIE Y, GAO Y, et al, 2018. *Quantitative assessment of soil productivity and predicted impacts of water erosion in the black soil region of northeastern China*[J]. *Science of the total environment*, 637: 706-716.

[146] GUAN W, ZHENG X, CHUNG K, et al, 2016. *Impact of air pollution on the burden of chronic respiratory diseases in China: time for urgent action*[J]. *The Lancet*, 388(10054): 1939-1951.

[147] GUTTMAN D, YOUNG O, JING Y, et al, 2018. *Environmental governance in China: Interactions between the state and "nonstate actors"*[J]. *Journal of Environmental Management*, 220: 126-135.

[148] HAMBURGER J, 2002. *Pesticides in China: A growing threat to food safety, public health, and the environment*[J]. *China Environment Series*, 5: 29-44.

[149] HAUGHTON G, COUNSELL D, 2004. *Regions and sustainable development: regional planning matters*[J]. *Geographical Journal*, 170(2): 135-145.

[150] HE Y, LEE E, MANKIN J S, 2020. *Seasonal tropospheric cooling in Northeast China associated with cropland expansion*[J]. *Environmental Research Letters*, 15(3): 034032.

[151] HEALEY P, 2005. *On the project of 'institutional transformation' in the planning field: Commentary on the contributions*[J]. *Planning Theory*, 4(3): 301-310.

[152] HEALEY P, 2006. *Collaborative Planning: Shaping Places in Fragmented Societies (Second Edition)*[M]. London: Palgrave MacMillan.

[153] HEIDENREIC M, 2005. *The renewal of regional capabilities: Experimental regionalism in Germany*[J]. *Research Policy*, 34(5): 739-757.

[154] HEIDENREICH M, 2004. *Regional capabilities and the European Employment Strategy*[M]. In: Salais R, Villeneuve R. (eds.) Europe and the Politics of Capabilities. Cambridge University Press.

参考文献

[155] HEILMANN S, MELTON O, 2013. The reinvention of development planning in China, 1993-2012[J]. Modern China, 39(6): 580-628.

[156] HODGSON G, 2009. Agency, institutions, and Darwinism in evolutionary economic geography[J]. Economic Geography, 85(2): 167-173.

[157] HONG C, ZHANG Q, ZHANG Y, et al, 2019. Impacts of climate change on future air quality and human health in China[J]. Proceedings of the National Academy of Sciences, 116(35): 17193-17200.

[158] HUAN H, ZHU Y, LIU J, 2022. A quasi-natural experiment research regarding the impact of regional integration expansion in the Yangtze River Delta on foreign direct investment[J]. Growth and Change, 00, 1-23. https://doi.org/10.1111/grow.12627

[159] HUANG Y, ZHU S, 2020. Regional industrial dynamics under the environmental pressures in China[J]. Journal of Cleaner Production, 265: 121917.

[160] HUDSON R, 2004. Conceptualizing economies and their geographies: spaces, flows and circuits[J]. Progress in Human Geography, 28: 447-471.

[161] HUDSON R, 2005. Region and place: devolved regional government and regional economic success?[J]. Progress in human geography, 29(5): 618-625.

[162] JIANG Y, HUANG M, CHEN X, et al, 2022. Identification and risk prediction of potentially contaminated sites in the Yangtze River Delta[J]. Science of The Total Environment, 815: 151982.

[163] JOHNSON T, LIU F, NEWFARMER R, 1997. Clear water, blue skies: China's environment in the new century[M]. Washington DC: World Bank Publications.

[164] JOVANOVI B, 2008. Evolutionary economic geography: Location of production and the European Union[M]. London: Routledge.

[165] KAN H, CHEN R, TONG S, 2012. Ambient air pollution, climate change, and population health in China[J]. Environment International, 42: 10-19.

[166] KARPLUS V, ZHANG J, ZHAO J, 2021. Navigating and evaluating the labyrinth of environmental regulation in China[J]. Review of Environmental Economics and Policy, 15(2): 300-322.

[167] KONG Z, STRINGER L, PAAVOLA J, et al, 2021. *Situating China in the global effort to combat desertification*[J]. Land, 10(7): 702.

[168] KUANG L, HOU Y, HUANG F, et al, 2020. *Pesticide residues in breast milk and the associated risk assessment: A review focused on China*[J]. Science of the Total Environment, 727: 138412.

[169] LEAL FILHO W, TRIPATHI S, ANDRADE GUERRA J, et al, 2019. *Using the sustainable development goals towards a better understanding of sustainability challenges*[J]. International Journal of Sustainable Development & World Ecology, 26(2): 179-190.

[170] LI H, LO K, WANG M, 2015. *Economic transformation of mining cities in transition economies: lessons from Daqing, Northeast China*[J]. International Development Planning Review, 37(3): 311.

[171] LI Y, 2016. *An Exploration of Regional Capability: Towards A Comprehensive Understanding of Regional Development, Governance and Planning in China with Case Studies from the Northeast and Yangtze River Delta, 1978-2015*[D]. Freie Universität Berlin.

[172] LI Y, NIPPER J, 2009. *China's "Northeast Phenomenon": A Unique Element in the Regional Economic Development of the People's Republic?*[J]. Geographische Rundschau International Edition, 5(1): 18-23.

[173] LIU C, LIU W, LU D, et al, 2016. *Eco-compensation and harmonious regional development in China*[J]. Chinese Geographical Science, 26(3): 283-294.

[174] LIU J, DIAMOND J, 2005. *China's environment in a globalizing world: How China and the rest of the world affect each other*[J]. Nature, 435: 1179-1186.

[175] LIU J, HULL V, GODFRAY H C J, et al, 2018. *Nexus approaches to global sustainable development*[J]. Nature Sustainability, 1(9): 466-476.

[176] LIU Y, LIU X, LIU Z, 2022. *Effects of climate change on paddy expansion and potential adaption strategies for sustainable agriculture development across Northeast China*[J]. Applied Geography, 141: 102667.

[177] LIU Z, LI X, (eds) 2015. *Transition of the Yangtze River Delta: From Global*

Manufacturing Center to Global Innovation Center[M]. New Frontiers in Regional Science: Asian Perspectives, Vol. 5. Tokyo: Springer.

[178] LU F, ZHOU L, XU Y, et al, 2015. *Short-term effects of air pollution on daily mortality and years of life lost in Nanjing, China*[J]. Science of the Total Environment, 536: 123-129.

[179] LU H, Lu X, JIAO L, et al, 2022. *Evaluating urban agglomeration resilience to disaster in the Yangtze Delta city group in China*[J]. Sustainable Cities and Society, 76: 103464.

[180] LU X, ZHANG S, XING J, et al, 2020. *Progress of air pollution control in China and its challenges and opportunities in the ecological civilization era*[J]. Engineering, 6(12): 1423-1431.

[181] MA G, PENG F, YANG W, et al, 2020. *The valuation of China's environmental degradation from 2004 to 2017*[J]. Environmental Science and Ecotechnology, 1: 100016.

[182] MACKINNON J, 1996. *Wild China*[M]. Cambridge, MA: The MIT Press.

[183] MANISALIDIS I, STAVROPOULOU E, STAVROPOULOS A, et al, 2020. *Environmental and health impacts of air pollution: a review*[J]. Frontiers in public health: 14.

[184] MARTIN R, 2006. *Economic geography and the new discourse of regional competitiveness*[M].//Bagchi-Sen S, Smith H. (eds.) Economic geography: past, present and future. London: Routledge.

[185] MARTIN R, SUNLEY P, 2006. *Path dependence and regional economic evolution*[J]. Journal of economic geography, 6(4): 395-437.

[186] MASSEY D, Allen J, Sarre P, (eds.) 1999. *Human geography today*[M]. Cambridge: Polity Press.

[187] MENG F, GUO J, GUO Z, et al, 2021. *Urban ecological transition: The practice of ecological civilization construction in China*[J]. Science of The Total Environment, 755: 142633.

[188] MOL A, CARTER N, 2006. *China's environmental governance in transition*[J].

Environmental politics, 15(02): 149-170.

[189] MURDOCH J, 1997. Towards a geography of heterogeneous associations[J]. Progress in human geography, 21(3): 321-337.

[190] NAUGHTON B, 2018. The Chinese economy: Adaptation and growth (Second Edition) [M]. Cambridge: Mit Press.

[191] NI J, 2001. A biome classification of China based on plant functional types and the BIOME3 model[J]. Folia Geobotanica, 36(2): 113-129.

[192] NOGUES S, Gonzalez-Gonzalez E, Cordera R, 2019. Planning regional sustainability: An index-based framework to assess spatial plans. Application to the region of Cantabria (Spain)[J]. Journal of Cleaner Production, 225: 510-523.

[193] NORTH D, 1990. Institutions, Institutional Change and Economic Performance[M]. Cambridge: Cambridge University Press.

[194] OECD, 2014. The cost of air pollution: health impacts of road transport[M]. Paris: OECD Publishing.

[195] PAGE S, 2006. Path dependence[J]. Quarterly Journal of Political Science, 1(1): 87-115.

[196] PENG B, HUANG Q, ELAHI E, et al, 2019. Ecological environment vulnerability and driving force of Yangtze River urban agglomeration[J]. Sustainability, 11(23): 6623.

[197] RAN P, HU S, FRAZIER A E, et al, 2022. Exploring changes in landscape ecological risk in the Yangtze River Economic Belt from a spatiotemporal perspective[J]. Ecological Indicators, 137: 108744.

[198] ROBEYNS I, 2005. The capability approach: a theoretical survey[J]. Journal of human development, 6(1): 93-117.

[199] RYDIN Y, 2010. Actor-network theory and planning theory: A response to Boelens[J]. Planning theory, 9(3): 265-268.

[200] SALAIS R, Villeneuve R, (eds.) 2004. Europe and the Politics of Capabilities[M]. Cambridge: Cambridge University Press.

[201] SAYER A, 1982. Explanation in economic geography: abstraction versus generalization[J]. Progress in Human Geography, 6(1): 68-88.

[202] SEN A, 1985. *Commodities and Capabilities*[M]. Amsterdam: North-Holland.

[203] SEN A, 1993. *Capability and Well-Being*[M]. In: Nussbaum M, Sen A. (eds.) The Quality of Life. Oxford: Clarendon Press.

[204] SEN A, 1999. *Development as Freedom*[M]. Oxford: Oxford University Press.

[205] SHANGHAI DAILY, 2006-06-06. *Pollution costs equal 10% of China's GDP*[N]. *Shanghai Daily*.

[206] SHAPIRO J, 2016. *China's environmental challenges (Second Edition)*[M]. Cambridge: Polity Press.

[207] SMIL V, 1996. *Environmental problems in China: estimates of economic costs*[R]. East-West Center special reports no. 5. Honolulu, HI: East-West Center.

[208] SMITH R, 2003. *World city actor-networks*[J]. Progress in human geography, 27(1): 25-44.

[209] SONG F, SU F, MI C, et al, 2021. *Analysis of driving forces on wetland ecosystem services value change: A case in Northeast China*[J]. Science of the Total Environment, 751: 141778.

[210] SONG M, 2015. *Characteristics and Prospects Analysis of China's Regional Coordinated Development of Regional Economy*[C]//AASRI International Conference on Industrial Electronics and Applications(IEA 2015). Atlantis Press: 589-591.

[211] SONG Z, 2021. *Economic growth and carbon emissions: Estimation of a panel threshold model for the transition process in China*[J]. Journal of Cleaner Production, 278: 123773.

[212] STORPER M, 1997. *The regional world: territorial development in a global economy*[M]. London: Guilford press.

[213] STORPER M, 1995. *The resurgence of regional economies, ten years later: the region as a nexus of untraded interdependencies*[J]. European urban and regional studies, 2(3): 191-221.

[214] SUNLEY P, 2008. *Relational economic geography: a partial understanding or a new paradigm?*[J]. Economic geography, 84(1): 1-26.

[215] SYDOW J, LERCH F, STABER U, 2010. *Planning for path dependence? The case of a*

network in the Berlin-Brandenburg optics cluster[J]. Economic Geography, 86(2): 173-195.

[216] TANAKA K, HASHIGUCHI Y, 2015. Spatial spillovers from foreign direct investment: Evidence from the Yangtze River Delta in China[J]. China & World Economy, 23(2): 40-60.

[217] TANG K, GONG C, WANG D, 2016. Reduction potential, shadow prices, and pollution costs of agricultural pollutants in China[J]. Science of the Total Environment, 541: 42-50.

[218] TEECE D, PISANO G, SHUEN A, 1997. Dynamic capabilities and strategic management[J]. Strategic Management Journal, 18(7): 509-533.

[219] THOMAS K, 1999. The metropolitan planning experience[M]. //Roberts P, Thomas K, Williams G. (eds.) Metropolitan Planning in Britain: A Comparative Study. London: Jessica Kingsley.

[220] UNITED NATIONS, 2015. Transforming our world: The 2030 agenda for sustainable development[R]. United Nations.

[221] WANG L, WANG R, YAN H, 2021a. System-Dynamics Modeling for Exploring the Impact of Industrial-Structure Adjustment on the Water Quality of the River Network in the Yangtze Delta Area[J]. Sustainability, 13(14): 7696.

[222] WANG X, ZHANG W, YIN J, et al, 2021b. Assessment of coastal erosion vulnerability and socio-economic impact along the Yangtze River Delta[J]. Ocean & Coastal Management, 215: 105953.

[223] WANG X, ZHAO C, JIA Q, 2013. Impacts of climate change on forest ecosystems in Northeast China[J]. Advances in Climate Change Research, 4(4): 230-241.

[224] WANG Y, HAGUE C, 1993. Territory planning in China: a new regional approach[J]. Regional Studies, 27(6): 561-573.

[225] WANG Z, FANG C, ZHANG X, 2015. Spatial expansion and potential of construction land use in the Yangtze River Delta[J]. Journal of geographical sciences, 25(7): 851-864.

[226] WEI Y D, 2005. Planning Chinese cities: The limits of transitional institutions[J].

Urban Geography, 26(3): 200-221.

[227] WEI Y D, 2013. *Regional development in China: States, globalization and inequality* [M]. *Routledge*.

[228] WEI Y H D, LIEFNER I, 2012. *Globalization, industrial restructuring, and regional development in China*[J]. *Applied geography*, 32(1): 102-105.

[229] WHEELER S, 2009. *Regions, megaregions, and sustainability*[J]. *Regional Studies*, 43(6): 863-876.

[230] WONG C, QIAN H, ZHOU K, 2008. *In search of regional planning in China: The case of Jiangsu and the Yangtze Delta*[J]. *The Town Planning Review*: 295-329.

[231] WORLD BANK, 2007. *Cost of Pollution in China: Economic Estimates of Physical Damages*[R]. *Washington, DC: World Bank*.

[232] WU C, MAURER C, WANG Y, et al, 1999. *Water pollution and human health in China*[J]. *Environmental Health Perspectives*, 107(4): 251-256.

[233] WU F, ZHANG J, 2007. *Planning the competitive city-region: The emergence of strategic development plan in China*[J]. *Urban Affairs Review*, 42(5): 714-740.

[234] WU W, WU P, YANG F, et al, 2018. *Assessment of heavy metal pollution and human health risks in urban soils around an electronics manufacturing facility*[J]. *Science of the Total Environment*, 630: 53-61.

[235] XIAO Q, ZONG Y, LU S, 2015. *Assessment of heavy metal pollution and human health risk in urban soils of steel industrial city (Anshan), Liaoning, Northeast China*[J]. *Ecotoxicology and environmental safety*, 120: 377-385.

[236] XIAO Q, ZONG Y, MALIK Z, et al, 2020. *Source identification and risk assessment of heavy metals in road dust of steel industrial city (Anshan), Liaoning, Northeast China*[J]. *Human and Ecological Risk Assessment: An International Journal*, 26(5): 1359-1378.

[237] XIE Y, LIN H, YE Y, et al, 2019. *Changes in soil erosion in cropland in northeastern China over the past 300 years*[J]. *Catena*, 176: 410-418.

[238] XU H, QIU L, LIU B, et al, 2021. *Does regional planning policy of Yangtze River Delta improve green technology innovation? Evidence from a quasi-natural experiment in China*[J]. *Environmental Science and Pollution Research*, 28(44): 62321-62337.

[239] XU J, 2008. Governing city-regions in China: Theoretical issues and perspectives for regional strategic planning[J]. Town Planning Review, 79(2-3): 157-187.

[240] XU J, XU M, ZHAO Y, et al, 2021a. Spatial-temporal distribution and evolutionary characteristics of water environment sudden pollution incidents in China from 2006 to 2018 [J]. Science of the Total Environment, 801: 149677.

[241] XU L, FAN M, YANG L, et al, 2021b. Heterogeneous green innovations and carbon emission performance: evidence at China's city level [J]. Energy Economics, 99: 105269.

[242] XUE L, SIMONIS U E, DUDEK D J, 2007. Environmental governance for China: Major recommendations of a task force[J]. Environmental Politics, 16(4): 669-676.

[243] YAN B, WU L, WANG X H, et al, 2021. How can environmental intervention work during rapid urbanization? Examining the moderating effect of environmental performance-based accountability in China [J]. Environmental Impact Assessment Review, 86: 106476.

[244] YANG Y, 2020. Research on the Impact of Foreign Direct Investment on the Economic Growth of the Yangtze River Delta Urban Agglomerations[J]. Journal of Coastal Research, 111(SI): 314-316.

[245] YE Y, FANG X Q, 2011. Spatial pattern of land cover changes across Northeast China over the past 300 years[J]. Journal of Historical Geography, 37(4): 408-417.

[246] YE Y, FANG X, 2009. Land use change in Northeast China in the twentieth century: a note on sources, methods and patterns[J]. Journal of Historical Geography, 35(2): 311-329.

[247] YEH A G, WU F, 1999. The transformation of the urban planning system in China from a centrally-planned to transitional economy [J]. Progress in planning, 51(3): 167-252.

[248] YEUNG H W, 2002. Towards a relational economic geography: old wine in new bottles [C]//98th Annual Meeting of the Association of American Geographers, Los Angeles, USA: 19-23.

[249] YEUNG H W, 2005. Rethinking relational economic geography[J]. Transactions of the

Institute of British Geographers, 30(1): 37-51.

[250] YEUNG H W, 2009. *Regional development and the competitive dynamics of global production networks: an East Asian perspective* [J]. *Regional studies*, 43(3): 325-351.

[251] YI H, SUO L, SHEN R, et al, 2018. *Regional governance and institutional collective action for environmental sustainability* [J]. *Public Administration Review*, 78(4): 556-566.

[252] YOST A, AN L, BILSBORROW R, et al, 2020. *Mechanisms behind concurrent payments for ecosystem services in a Chinese nature reserve* [J]. *Ecological Economics*, 169: 106509.

[253] YU H, XIE W, YANG L, et al, 2020. *From payments for ecosystem services to eco-compensation: Conceptual change or paradigm shift?* [J]. *Science of the Total Environment*, 700: 134627.

[254] YU X, DING S, ZOU Y, et al, 2018. *Review of rapid transformation of floodplain wetlands in northeast China: Roles of human development and global environmental change*[J]. *Chinese Geographical Science*, 28(4): 654-664.

[255] YU X, DING S, ZOU Y, et al, 2018. *Review of rapid transformation of floodplain wetlands in northeast China: Roles of human development and global environmental change*[J]. *Chinese geographical science*, 28(4): 654-664.

[256] ZHANG D, WANG X, QU L, et al, 2020. *Land use/cover predictions incorporating ecological security for the Yangtze River Delta region, China*[J]. *Ecological Indicators*, 119: 106841.

[257] ZHANG J, GANGOPADHYAY P, 2015. *Dynamics of environmental quality and economic development: the regional experience from Yangtze River Delta of China*[J]. *Applied Economics*, 47(29): 3113-3123.

[258] ZHANG K, WEN Z, 2008. *Review and challenges of policies of environmental protection and sustainable development in China*[J]. *Journal of environmental management*, 88(4): 1249-1261.

[259] ZHANG Q, CROOKS R, 2012. *Toward an Environmentally Sustainable Future: Country*

Environmental Analysis of the People's Republic of China [M]. Manila, Philippines: Asian Development Bank.

[260] ZHANG T, 2001. *Public participation in China's urban development* [M]. In: Nagel S, Robb A. (eds) Handbook of Global Social Policy. New York: Marcel Dekker: 183-207.

[261] ZHAO C, WANG Y, ZHOU X, et al, 2013. *Changes in climatic factors and extreme climate events in Northeast China during 1961-2010* [J]. Advances in Climate Change Research, 4(2): 92-102.

[262] ZHAO D, ZHENG D, WU S, et al, 2007. *Climate changes in northeastern China during last four decades* [J]. Chinese Geographical Science, 17(4): 317-324.

[263] ZHOU L, YU D, YU H, et al, 2000. *Relationship between microcystin toxins in drinking water and occurrence of large intestine cancer* [J]. China Preventive Medical Science Journal, 34(4): 224-226.